Variations sur un texte

Collection dirigée par Marie-Claude Perrin-Chenour

JANE EYRE, LE PÈLERIN MODERNE

Claire Bazin

EDITIONS

DU TEMPS

ISBN 2-84274-311-3

22, rue Racine, Nantes (44).

Catalogue : www.editions-du-temps.com
Portail : www.edutemps.fr

READER, I married him!

INTRODUCTION

Si la date de publication de *Jane Eyre* impose au roman l'étiquette victorienne, Charlotte Brontë, comme ses sœurs, Emily surtout, est inclassable. Le succès de scandale que connut *Jane Eyre* lors de sa parution en 1847 en est le premier témoignage. Si l'on reconnaissait à l'auteur, supposé masculin, des qualités de vigueur, de style, une imagination foisonnante, certains critiques n'en déploraient pas moins l'audace, le manque de respect des conventions – Jane ne tombe-t-elle pas amoureuse d'un homme de vingt ans son aîné et de surcroît son employeur ? – l'outrance de certains personnages, comme Brocklehurst. Le scandale s'aggrava lorsque furent découverts le sexe et l'identité de son auteur, jusque-là prudemment dissimulés sous le pseudonyme androgyne de Currer Bell.

Il est difficile, dans le cas des Brontë, d'oublier une biographie qui ne peut que laisser son empreinte sur les œuvres : le bio s'immisce dans la graphie, la vie marque l'œuvre. L'isolement topographique du presbytère de Haworth où le père, le Révérend Patrick Brontë, est nommé pasteur, favorise la solitude, la méditation, les marches sur la lande, dont Catherine et Heathcliff, les héros de *Wuthering Heights,* ne se lassent jamais. S'il n'y avait guère de place pour le jeu au presbytère, en revanche, la lecture était largement encouragée, et, par émulation, le goût d'écrire. Après la mort des deux aînées, Maria et Elizabeth, à Cowan Bridge School (le modèle de Lowood dans *Jane Eyre*), les trois sœurs, secondées du frère Patrick (qui sombrera vite dans l'alcoolisme) s'adonnent à l'écriture : leur ferveur pour écrire est une véritable rage de vivre, d'autant que la maladie les harcèle. Charlotte et Patrick inventent le royaume *d'Angria*, et Emily et Anne, *Gondal*, sagas brontéennes connues sous le nom de *Juvenilia*, seuls témoins des ressemblances entre le frère et les sœurs, et où l'on trouve en germe les thèmes et les personnages de la fiction ultérieure. Peut-être ces écrits à huit mains sont-ils la source de confusions concernant l'identité de chacune des sœurs ? L'imagination y règne en maîtresse, créant des scènes « irréelles » dans un monde de romance, d'aventures et de passion qui n'est pas sans évoquer celui de Walter Scott, pour lequel Charlotte exprimait une grande admiration :

« For fiction, read Scott alone[1] ». À l'influence de Scott, s'ajoute celle des écrivains gothiques et romantiques, dont Byron, très patente dans *Jane Eyre* et *Villette*, – Rochester est un héros Byronien (revu et corrigé) – à travers la peinture des lieux, la demeure de Thornfield, des paysages et des rêves nourris d'éléments surnaturels (les rêves de Jane la veille de son mariage avorté).

Née en 1816, Charlotte Brontë est la troisième fille de Patrick Brontë, pasteur de Haworth et de Maria Branwell, qui disparaît très tôt, laissant six enfants à la charge de leur père et de Miss Branwell, la tante aux stricts principes méthodistes, qu'elle allait jusqu'à afficher sur sa théière. Orphelines de mère, les Brontë partagent avec Maria Edgeworth, Fanny Burney et Elizabeth Gaskell une situation qui tend à renforcer les liens émotionnels et intellectuels avec le père : « a situation which tends to strengthen the emotional and perhaps more intellectual bonds with the father, whilst removing the constraints to feminine conformity which a mother so often imposes[2] ». L'image de l'homme qui se dessine est celle d'un maître, d'un chef, d'un mentor, que l'on retrouve dans tous les romans. Cette absence de mère inscrit les Brontë dans une tradition littéraire, dans une lignée d'écrivains féminins, qui tranche avec le siècle précédent, dominé par des auteurs masculins : Fielding, Smollett, Richardson. Comme ses aînées, Maria et Elizabeth, qui y mourront, Charlotte est envoyée à Cowan Bridge. Elle passera aussi deux ans à Bruxelles, séjour fictionnalisé dans *Villette* et au cours duquel Charlotte s'éprend de Constantin Héger, l'époux de la directrice de l'établissement, qui ne répondra jamais à ses sentiments, contrairement à Paul Emmanuel, le héros du roman. De retour à Haworth, Charlotte envisage d'ouvrir une école avec ses sœurs, mais le projet échoue et elle se tourne (ou se retourne) vers l'écriture. L'année 1846 voit la parution des poèmes d'Acton, Currer et Ellis Bell, les pseudonymes masculins ou androgynes des trois sœurs, suivis de trois romans l'année suivante. Le succès de *Jane Eyre* est immédiat, en dépit de ses aspects scandaleux pour l'époque. Charlotte Brontë publiera ensuite *Shirley* en 1849, roman historique qui a pour toile de fond les émeutes dans l'industrie textile du Yorkshire au début du XIXe siècle, et préfigure les romans de sa future et première biographe, Elizabeth Gaskell et ses « industrial novels », *Mary Barton* et *North and South* essentiellement. *The Professor* ne paraît qu'en 1857, deux ans après la mort de Charlotte, qui survient peu après son mariage avec le révérend Arthur Bell Nicholls.

---

1. Elizabeth Gaskell, *The Life of Charlotte Brontë*, Penguin Classics, London, 1985 (1857).
2. Eva Figes, *Sex and Subterfuge Women Writers to 1850*, Macmillan, London and Basingstoke, 1982, p. 26.

Si *Jane Eyre* fit scandale lors de sa parution en 1847, il n'en reste pas moins que Charlotte Brontë s'inscrit bien, période oblige, dans la tradition victorienne. Refroidie pourtant par le premier échec de *The Professor,* écrit en 1846 mais perçu comme ennuyeux, d'où sa publication tardive et posthume, Charlotte Brontë « rectifie le tir » dans *Jane Eyre.* Elle y laisse libre cours à la passion et à l'imagination, provoquant cette fois les critiques outragées du *Christian Remembrancer*, entre autres, qui condamne le roman comme « anti-Christian composition ». Charlotte Brontë n'hésite pas à présenter une héroïne bien peu conforme au modèle de « Angel in the House », proclamant sans vergogne sa passion pour un homme plus agé et socialement plus élevé. Reprenant en cela le credo de sa cadette Anne, auteur de *The Tenant of Wildfell Hall,* Charlotte proclame sa volonté d'adhérer à la vérité, aussi déplaisante fût-elle. D'où l'épisode de Lowood, par exemple, dans lequel elle dénonce une institution qui n'a de charitable que le nom et dont le directeur, sous des dehors de chrétien, maltraite les élèves en les soumettant à un régime aussi sévère moralement que physiquement. À la lecture du roman, personne, en dépit du nom fictif, ne pouvait se tromper sur l'endroit, et encore moins son directeur, qui voulut intenter un procès à Elizabeth Gaskell, la première biographe de Charlotte, pour des dénonciations jugées abusives.

Jane Eyre mêle habilement les genres, que son auteur utilise en les subvertissant. Le sous-titre du roman « An Autobiography », que l'on oublie souvent, conduit le lecteur sur une piste qui s'avère fausse. Et pourtant, si Jane n'est pas davantage Charlotte Brontë que Madame Bovary n'est Flaubert, elle l'est cependant assez pour que les premiers critiques, souvent plus intéressés par la vie de l'auteur que par ses écrits, traquent le réel sous la fiction. Pourtant, si Charlotte Brontë s'inspire inévitablement de son expérience personnelle, et fait de Jane une narratrice à la première personne, l'équation est impossible pour qui connaît la vie de l'auteur, dont le nom diffère de celui de son héroïne, première entorse à la définition d'une « véritable » autobiographie[1]. La dimension autobiographique est beaucoup plus marquée dans *Villette*, qui retrace, sous couvert de la fiction, mais aussi avec une narratrice à la première personne, l'expérience belge de son auteur. Avec *The Professor* et *Shirley,* Charlotte Brontë s'éloigne du genre autobiographique de par la forme narrative : si *The Professor* est écrit à la première personne, le narrateur est ici un homme, dont les expériences d'enseignement anticipent celles de Lucy dans *Villette,* version plus élaborée de son aîné, essai transformé : « *The Professor* is, in fact, a first handling of the material to which Charlotte Brontë was to return again, six years later, and in the

1. Philippe Lejeune, *Le Pacte Autobiographique,* Seuil, Paris, 1975.

full maturity of her genius; it is a rehearsal for *Villette*[1] ». Quant à *Shirley*, le dernier roman, la voix narrative, partagée entre les deux héroïnes, Caroline Helstone et Shirley, est à la troisième personne. *The Professor* mis à part, dans la mesure où le personnage principal est masculin, les romans peuvent être qualifiés, selon la terminologie de Elaine Showalter[2], de « féminins ». La critique féministe du XXe siècle ira jusqu'à considérer Jane Eyre comme une féministe avant l'heure, regrettant néanmoins une fin jugée conventionnelle. Si certaines déclarations de Jane, Lucy ou Shirley ont effectivement des résonances féministes, les héroïnes sont avant tout en quête d'une identité qui s'élabore au cours des romans et qu'elles finissent par trouver. Le schéma est particulièrement clair dans *Jane Eyre*, construit sur cinq unités narratives chronologiques, chacune emblématisée par une demeure au nom toujours très symbolique, selon le modèle du Bildungsroman : l'ontologique se construit sur et par le géographique. Chaque unité marque un pas – tant littéral que psychologique, tant logique que chronologique – dans l'itinéraire de l'héroïne, que l'on suit de ses débuts à l'âge adulte. L'histoire est racontée par Jane, à la fois narratrice adulte et actrice en une longue rétrospective. Ce n'est qu'à la fin du roman que narration et histoire coïncident, selon le modèle des Bildungsromans de Dickens ou de George Eliot. Chaque unité narrative se concentre autour de moments féconds (selon la terminologie lacanienne), dont le célèbre épisode gothique de la chambre rouge, très chargé psychanalytiquement. C'est à Thornfield cependant que le gothique atteint son acmé avec le personnage de Bertha Rochester. Charlotte Brontë se tourne vers le passé littéraire, même si elle dépasse ou remanie les stéréotypes du ou des genres, les utilisant comme tremplins d'où s'élancer pour faire du nouveau (je fais ici référence à l'article de R.B Heilman : « Charlotte Brontë's New Gothic[3] »). La dette va aussi au romantisme, à la poésie de Byron et de Coleridge. Le personnage de Rochester, sombre et tourmenté, évoque, un peu à la manière de Heathcliff dans *Wuthering Heights*, le Manfred de Byron, déjà entrevu au travers du personnage de Zamorna, héros des premiers écrits. Mais là encore, le romantisme est remodelé. Rochester n'est pas stéréotypé : Jane lui déclare audacieusement qu'elle ne le trouve pas beau. Le défi de Charlotte Brontë est d'ailleurs d'avoir forcé l'intérêt du lecteur, d'hier et d'aujourd'hui, pour des personnages au physique ordinaire, ce qui contrevenait à tous les codes victoriens. À cet égard, elle se démarque d'ailleurs de ses sœurs : Catherine Earnshaw, dans *Wuthering*

1. Margaret Lane, Introduction to *The Professor*, An Everyman Paperback, London, 1969, p. vii.
2. Elaine Showalter, *A Literature of their Own*, Virago Press, London, 1978.
3. R.B Heilman, « Charlotte Brontë's New Gothic », in Ian Gregor, *The Brontës: a Collection of Critical Essays*, Twentieth Century Views, Prentice-Hall, Englewood Cliffs, 1970.

Heights et Helen Huntingdon dans *The Tenant of Wildfell Hall*, sont belles. Dans la perspective « autobiographique » de Charlotte Brontë, Jane serait, selon la terminologie de Lejeune, une « copie conforme » de sa créatrice, qui déplorait un physique qu'elle jugeait peu avantageux. En renonçant à St John, archétype de la beauté classique, Jane subvertit les codes, refusant l'idéal désincarné qu'il lui propose pour choisir Rochester, qui lui offre désormais un amour expurgé des flammes d'une passion dévastatrice. L'idéal victorien semble respecté, puisque Jane adopte le mode de vie stéréotypique de l'héroïne de l'époque en « rentrant dans le rang ». Le pèlerin – les références au *Pilgrim's Progress* ponctuent le roman (d'où le titre de cet ouvrage) – a atteint son but. La tonalité religieuse et morale de *Jane Eyre* aurait dû satisfaire les victoriens, trop prompts à s'emparer de ce qui, en apparence, s'en éloignait. Les derniers mots du roman reviennent à St John : la moralité victorienne est respectée. *Jane Eyre* serait donc un roman victorien. Jane refuse, au grand dam de George Eliot, de devenir la maîtresse de Rochester après le mariage manqué, et ne le retrouve que lorsque l'obstacle majeur a disparu. La morale est sauve. Charlotte Brontë ne voulait pas heurter ses contemporains. En témoignent sa préface apologétique au roman de sa sœur, *Wuthering Heights* et ses excuses pour *The Tenant of Wildfell Hall* – totalement étranger, affirme-t-elle, à l'esprit de son auteur – les deux romans, bien davantage que *Jane Eyre*, étant perçus comme scandaleux.

> Whether it is right or advisable to create things like Heathcliff, I do not know: I scarcely think it is. But this I know; the writer who possesses the creative gift owns something of which he is not always master – something that at times strangely wills and works for itself. He may lay down rules and devise principles, and to rules and principles it will perhaps for years lie in subjection; and then haply without warning of revolt, there comes a time when it will no longer consent to "harrow the vallies, or be bound in the furrow" – when "it laughs at the multitude of the city, and regards not the crying of the driver" – when refusing absolutely to make ropes out of sea-sand any longer, it sets to work on statue-hewing, and you have a Pluto or a Jove, a Tisiphone or a Psyche, a Mermaid or a Madonna, as Fate or Inspiration direct. Be the work grim or glorious, dread or divine, you have little choice left but quiescent adoption[1].

1. Currer Bell, Preface to the New Edition of *Wuthering Heights*, Penguin Classics, 1985 (1850), p. 40.

Si Jane respecte les dictats de la morale et de la religion, elle n'en dénonce pas moins les excès, au travers des personnages de Brocklehurst, mais aussi d'Helen Burns et de St John, dont les idéaux sont impraticables. Brocklehurst, pour sa part, est un tyran à peine déguisé, ou un ogre dévorateur. Autant qu'elle utilise et réinvestit le gothique, Charlotte Brontë remanie le conte de fées, reprenant là encore le genre pour mieux s'en démarquer. D'où la richesse d'un texte où cohabitent et s'entrelacent romantisme, gothique, légendes, mythes et contes de fées, offrant un faisceau de lectures possibles, ou, pourquoi pas, toutes ? *Jane Eyre* est aussi l'histoire d'une orpheline maltraitée, à la charge d'une tante marâtre, qui, grâce à son courage et à sa persévérance, mais aussi à une Providence qui aide ceux qui savent s'aider eux-mêmes, réussit à devenir riche, indépendante et heureuse. Cendrillon est devenue Princesse, même si le Prince Charmant, un peu abîmé, ne correspond pas au stéréotype. Les critiques féministes n'ont pas manqué de dénoncer une fin qui, en dépit de la triomphale déclaration de Jane : « READER, I married him[1]! » (474 ; les majuscules sont de l'auteur), n'est pas sans nuages. Ferndean n'est pas non plus un cadre idéal à la consécration du bonheur. Quant au « mot de la fin », qui revient à St John annonçant sa propre fin proche, il rapproche mariage et enterrement, Éros et Thanatos.

Le foisonnement de *Jane Eyre*, qui, depuis plus de deux cents ans, a donné prise (ou non) à tant d'interprétations, explique justement cette difficulté à le classer. Victorien sans l'être, le roman échappe au carcan de l'étiquette unique. Comme ses sœurs, Charlotte Brontë, empruntant d'abord les chemins connus de genres littéraires reconnus, s'en éloigne ensuite pour tracer son propre territoire. Si les critiques féministes, en dépit de leurs accusations, marxistes (comme Terry Eagleton), y ont trouvé leur manne, là est bien la preuve que Charlotte Brontë, malgré sa dette, inévitable – pourrait-on dire –, envers le passé, ouvre aussi de nouveaux horizons.

Le sous-titre déjà mentionné lance le lecteur sur une fausse piste. *Jane Eyre* n'est pas une autobiographie stricto sensu, au sens où la définirait Lejeune dans son célèbre *Pacte Autobiographique* : il n'y a pas équation entre auteur, narrateur et personnage. Le Je de la première personne est essentiellement grammatical (et encore...). Jane Eyre ressemble à Charlotte Brontë comme une sœur, mais les autres héroïnes des autres romans, Lucy Snowe, Caroline Helstone, Shirley ou Frances Henri lui ressemblent aussi. *Villette* est d'ailleurs considéré comme le roman le plus autobiographique de son auteur, en grande

1. Charlotte Brontë, *Jane Eyre*, Penguin, (1847) 1966, p. 474. Toutes les références ultérieures sont dans cette édition.

partie à cause de l'espace textuel considérable consacré au séjour à Bruxelles et au personnage de Paul Emmanuel, double fictionnel plus amoureux de l'héroïne que son original, indifférent aux sentiments de Charlotte Brontë. *Jane Eyre* est de l'ordre de l'auto-fiction. Charlotte Brontë part du réel pour écrire de la fiction, qui parfois ressemble à s'y méprendre au réel (je songe à nouveau à l'épisode de Lowood).

Les romans de Charlotte Brontë, comme ceux de ses sœurs, ouvrent un paysage brontéen : leur écriture ressortit d'une « Brontéographie ». L'intérêt pour les rêves, récurrents dans le roman, et la peinture des aquarelles, permet une lecture psychanalytique. Ce foisonnement inépuisable et inépuisé permet encore, du moins on l'espère, de trouver du nouveau. Le statut générique du roman est flou, indécidable et c'est ce qui en fait la richesse. Comment peut-on/doit-on lire *Jane Eyre* ? Adopter une seule grille de lecture – marxiste, psychanalytique, féministe, etc. – ne pourrait être que réducteur. En prenant en compte les différentes interprétations que les critiques ont proposées au cours du siècle et demi qui nous sépare de l'écriture du roman, et qui, loin de s'exclurent, témoignent surtout de sa richesse, on espère pouvoir offrir une/des lecture(s) respectant la diversité de l'œuvre, essayer de percer le secret d'un texte en pénétrant ses strates de signification.

Je m'attarderai d'abord sur les topoï victoriens (les orphelins, le Bildung, la religion et la morale) évoqués au début de cette introduction en analysant certains épisodes clés, qui scandent l'itinéraire de l'héroïne (comme celui de la chambre rouge, en parallèle avec les débuts à Lowood, la scène du jardin où Rochester offre à Jane de l'épouser, la visite de Bertha à Jane, la veille du mariage, les discussions de Jane avec St John Rivers, et enfin le retour et la réunion finale des deux héros), pour tenter ensuite de montrer comment, tout en sacrifiant aux normes et attentes de ses contemporains, Charlotte Brontë s'en dégage, pour tracer une cartographie brontéenne que je me propose de suivre, dans une invitation au voyage « in Brontëland ».

JANE EYRE : ROMAN VICTORIEN ?

L'art de l'enfance

Les débuts de l'héroïne orpheline, comme Lucy Snowe, Caroline Helstone ou Frances Henri, posent le problème de l'enfance. Charlotte Brontë préfigure Dickens. Cet aspect des romans les inscrit dans leur période victorienne. L'auteur suit ses héroïnes au cours du pèlerinage – les références au *Pilgrim's Progress* de Bunyan sont nombreuses – qui doit les mener à l'harmonie finale dans une réconciliation entre les exigences de la morale et de la religion et les désirs individuels. La religion occupe une large part dans les romans. *Shirley* s'ouvre sur un tableau de curés, que Charlotte Brontë se plaît à caricaturer, dénonçant les outrances du métier sans cependant jamais atteindre à la dénonciation franche dont Brocklehurst est la cible dans *Jane Eyre*. Elle démasque ici l'hypocrisie de ce puritain outrancier, érigeant ses doctrines calvinistes en Absolu. Dans *Villette*, par contre, c'est au catholicisme que s'en prend Charlotte Brontë, pour lui opposer un protestantisme de bon aloi.

Les héroïnes de Charlotte Brontë sont orphelines : Jane, Lucy, Frances, Caroline Helstone, Shirley sont autant de versions féminines de David Copperfield ou de Oliver Twist. Si Jane anticipe ces héros, elle reprend aussi le schéma austinien de *Mansfield Park* : fillette adoptée par des cousins riches et arrogants, parents parodiques, qui, pas plus que les Murdstone dans *David Copperfield*, ne sont prêts à prodiguer leur affection. Ce sont autant de « detestable substitutes » pour reprendre l'expression de Catherine Earnshaw à l'endroit de son frère Hindley, devenu patriarche après la mort du père. Si le problème de l'orphelin(e) est d'ordre psychologique, il est surtout d'ordre social : Jane, on ne cesse de le lui répéter, est dépendante de la famille Reed : « You're a dependant, Mamma says » (42). L'orphelin est victime de la société et du microcosme d'une cellule familiale souvent hostile : « The self is less a relational reality than a watchful, alien presence on the periphery of others' lives[1] ». Jane, enfant, se perçoit effectivement comme « alien », « discord », le vilain petit canard des contes d'Andersen.

1. Terry Eagleton, *Myths of Power: A Marxist Analysis of the Brontës*, Macmillan, London, 1973, p. 25.

Brocklehurst va la délivrer de Gateshead, mais le sauveur a davantage les traits d'un Père Fouettard : le pensionnat de Lowood n'est qu'une autre prison, et Brocklehurst qu'une parodie de père, un parâtre. Le passage d'une demeure à l'autre – *Jane Eyre* est construit sur cinq unités géographiques qui scandent le développement psychologique de l'héroïne – est une chute de Charybde en Scylla : Jane tombe de Gateshead en Lowood. Les premiers temps à Lowood, l'institution de charité bien peu charitable, s'inscrivent sous l'égide du manque, du froid et de la peur.

À Gateshead, son aspect physique ne saurait lui attirer les bonnes grâces d'une Mrs Reed déjà peu encline à les prodiguer : « I know that had I been a sanguine, brilliant, careless, exacting, handsome, romping child – though equally dependent and friendless – Mrs Reed would have endured my presence more complacently [...] » (47). Dès l'incipit du roman, Jane insiste sur son infériorité physique par rapport à ses cousines Reed : Charlotte Brontë elle-même souffrait d'une apparence qu'elle jugeait disgracieuse. Lucy, l'héroïne de *Villette*, est encore plus laide, ou plus insignifiante, que Jane. Lors de sa rencontre avec Rochester, et pour combattre des sentiments prompts à s'émouvoir, Jane fait – grossièrement – son auto-portrait, qu'elle compare à son détriment à une miniature imaginée – et peaufinée – de Blanche Ingram, la belle promise de Rochester. Les servantes de Gateshead elle-mêmes, Bessie et Abbott, se font les porte-parole des maîtres, accusant Jane de tous les maux, allant jusqu'à la considérer comme un « Guy Fawkes » enfantin. Tout comme John Reed, le tyran en herbe, les servantes exécutent les désirs peu avouables de Mrs Reed : « He has a borrowed power from being the physical expression of his mother's suppressed impulses[1] ». Bessie, seule figure féminine positive à Gateshead, déclarera à Jane devenue adulte : « You were no beauty as a child » (123), sort qu'elle partage avec Lucy Snowe, ombre de la jolie Polly et repoussoir de l'écervelée Ginevra Fanshawe dans *Villette*.

Pour s'être rebellée contre son cousin John Reed, qui insiste sur l'appellation « Master Reed », (il est significatif que Jane use de ce même titre à l'endroit de Rochester), Jane se retrouve enfermée dans la chambre rouge, située en haut de la demeure, où elle subit un véritable séisme psychologique. Le roman est construit sur les schèmes alternatifs d'emprisonnement et de libération. La chambre sans vue, au rouge hypnotique, induit chez l'enfant une peur panique, d'autant que son oncle y est mort neuf ans plus tôt. La montée à la chambre rouge, comme celle au grenier de Thornfield ultérieurement, est une

1. William Craik, *The Brontë Novels*, Methuen & Co Ltd, London, 1968, p. 89.

descente aux Enfers (la topologie selon Bachelard, qui oppose la rationalité du toit à l'irrationalité de la cave se trouve battue en brèche). Les deux servantes, Bessie et Abott, emploient des jarretières pour ligoter Jane dans une scène qui anticipe celle où Rochester a recours à une corde pour dompter sa femme folle : « Whipping girls to subdue the unruly flesh and the rebellious spirit was a routine punishment for the Victorians, as well as a potent sexual fantasy[1] ». Ce sont d'ailleurs les femmes qui punissent ou subjuguent leur consœurs dans un univers où elles ne sont que les exécutrices des ordres d'une tyrannie patriarcale, incarnée ici par John Reed. L'espace clos de la chambre rouge évoque l'intimité du féminin, où Jane va subir le rite de passage nécessaire à sa transformation. On pourrait aller jusqu'à interpréter symboliquement l'homophonie du « I was *borne* upstairs » (43 ; c'est moi qui souligne). L'expérience est cependant traumatique et douloureuse. Jane est en proie à une crise. La perspective de l'Enfer entrevu dans le miroir anxiogène – dont la chambre rouge pourrait être l'antichambre – se dresse, avant même que Brocklehurst ne la brandisse. Dans la chambre rouge, Jane est en proie à une véritable crise de folie, que l'on peut analyser de façon clinique : paranoïa, schizophrénie et hallucinations, les trois états étant liés. La chambre est le miroir de la peur grandissante de l'enfant, qui la déforme à son tour, transformant l'espace entier, mais aussi chaque objet – le miroir, le lit, les oreillers – en autant d'ennemis. Le lit devient cercueil, d'autant que l'oncle Reed y est mort, ce qui investit la pièce d'une atmosphère de « dreary consecration ». L'espace est magnifié : « scarcely less prominent », les serrures sur-verrouillées : « no door was ever more secure », les angles deux fois plus aigus. Matelas et oreillers sont autants de corps ou de fantômes jetés sur le lit. L'endroit est euphémisation du sépulcre, où les rideaux toujours tirés (« muffled windows ») cachent leur terrifiant secret. Les meubles gigantesques de la chambre (symboles de la richesse dont Jane devrait être à jamais privée) deviennent autant d'ennemis, les oreillers autant de cadavres gisants sur le lit, annonciateurs du spectre de Mr Reed, que Jane croit voir apparaître, et qui, loin de la consoler, ne fait qu'accroître sa terreur : « This idea, consolatory in theory, I felt would be terrible if realized... » (48).

Le tête-à-tête avec elle-même, nous l'avons vu, est effrayant : la non-reconnaissance de soi comme soi, qui anticipe la « scène de la mariée » à Thornfield, s'inscrit dans la phase de schizophrénie, atteignant son apogée dans l'image scindée : « half-fairy, half-imp », déjà évoquée. Jane ne sera ni fée ni démon, ni Helen Burns, ni Bertha (les deux figures de l'extrême se consumant, métaphoriquement ou littéralement). La

1. E. Showalter, *op. cit.*, p. 116.

seconde phase est une forme de schizophrénie où l'enfant ne se reconnaît pas dans le miroir, qui lui renvoie une image anxiogène, baignée de superstitions : « half-fairy, half-imp », oxymore chargé qui renvoie à une crise identitaire, reprise ultérieurement par la question : « Am I a monster? » (293). Le moi, vu comme autre impensable – « alien », « discord », « interloper » – n'est pas reconnu. La réflexion scindée, image hybride d'un Je fragmenté, en révèle les deux aspects antagoniques dans une sorte de raccourci manichéen. Jane « voit rouge ». Elle est, selon ses propres dires, « beyond herself » ou « *out* of herself » (« as the French would say », ajoute-t-elle ; les italiques sont de l'auteur), empruntant à une langue étrangère – « alien » – le soin du diagnostic de son état. Il est significatif que l'identité se constitue au moment même où elle est perçue comme divisée. Cette scission peut aussi s'analyser en termes de stratégie narrative : le Je narrant et le Je narré, « la distance autobiographique », la rétrospection narrative qui marque la différence au sein du « I », entre protagoniste et narrateur, entre le « I » d'hier et le « I » d'aujourd'hui. Cette stratégie est très nettement perceptible dans la scène du jardin où Jane est à la fois actrice et narratrice, à la fois simultanée et « rétrospective ». Dans la chambre rouge, les hallucinations finales, accélérées par la nuit tombante, sont liées à l'évocation du fantôme de Mr Reed, figure de père qui a raté sa vocation – un père passe et manque – en disparaissant trop tôt. Pour clore l'épisode, Jane, mourant – quasi littéralement de peur – mime la mort – « cold as stone » –, d'abord souhaitée – « letting myself die » – mais maintenant redoutée, quand, comme le fantôme de Mr Reed, elle risque de devenir réalité. La chambre rouge est écho topique du grenier de Thornfield, où la folle, confirmée, est enfermée. Si l'on en croit Rochester, la présence de Bertha semble contagieuse : « That demon's vicinage is poisoned » (328).

La scène se clôt sur un évanouissement, « petite mort » nécessaire à la renaissance d'une Jane apaisée et soumise. Nous reviendrons sur cet épisode dans l'analyse du Gothique. Jane est d'ailleurs la seule des héroïnes de Charlotte Brontë que l'on voie enfant : qu'il s'agisse de Lucy Snowe, de Frances Henri, de Caroline ou de Shirley, leur entrée en scène se fait plus tard. Le schéma du Bildungsroman est donc beaucoup plus clair dans *Jane Eyre*, exception faite de Polly qui, dans *Villette*, vole la vedette à Lucy, dont l'enfance est pour ainsi dire gommée (le roman s'ouvre d'ailleurs sur Polly et tout se passe comme si Lucy souhaitait détourner l'attention du lecteur en restant en marge et en vivant par procuration). Polly offre l'exemple parfait des effets de la socialisation sur les femmes : jolie, petite, elle s'entoure de poupées et de chiffons, jumelle de la jeune Lucy de *The Mill on the Floss*. D'emblée, elle se met au service de Graham, dont elle deviendra l'épouse modèle dans une relation où le masochisme l'emporte largement sur l'égalitarisme que prône Jane Eyre : « her pleasure was to please Graham[1] ».

Devant sa tante médusée, Jane, emblème de la passion, se fait le porte-parole d'un Uncle Reed défenseur des opprimés et « s'ignifie » (pour reprendre le bon mot de Bernadette Bertrandias) : « a ridge of lighted heath, alive, devouring » (69). La narratrice, consciente de l'inadéquation ou des déficiences du langage – « No language can describe » (99) – a recours aux images. « La menace du feu destructeur qui s'actualise avec l'incendie (provoqué par une Bertha « vampiromane ») pèse en fait sur tout le roman[2] ». La déclaration-accusation : « I am not deceitful: if I were, I should say I loved *you*; but I declare I do not love you: I dislike you the worst of anybody in the world except John Reed » (69) est une véritable « Vindication of the Rights of a girl », dont l'extrême franchise transgresse tous les codes victoriens : « You are bad; hard-hearted. *You* are deceitful » (69 ; les italiques sont de l'auteur). L'accusation souligne proleptiquement l'ironie du châtiment que Jane va subir à Lowood où elle sera injustement condamnée pour le péché dont elle est justement le moins coupable : le mensonge.

Lorsque, lors de leur première rencontre, Brocklehurst interroge Jane sur ses connaissances bibliques, les réponses de bon sens qu'il reçoit ne peuvent que décevoir ses attentes. Si Brocklehurst permet à Jane de quitter Gateshead, ce n'est guère pour le meilleur. L'institution n'a de charité que le nom : Brocklehurst est un loup pour Jane, qui l'emmène dans un grand méchant bois, (Lo/wood) pour lui faire subir d'autres sévices. Les deux scènes de châtiment de la chambre rouge et de Lowood peuvent se lire comme des « moments féconds » dans la vie de Jane, à la fois actrice et narratrice de sa propre histoire, dont elle devient l'auteur, qu'elle engendre. Jane est exhibée devant la classe entière par Brocklehurst, figure de Grand Inquisiteur ou d'ogre dévorateur, qui lui im/pose l'étiquette infamante de « menteuse », interdisant que les autres l'approchent, sous peine de contamination. Le péché de Jane est, avant tout, d'ordre social :

> Jane Eyre connaît le malheur de n'avoir pas de place : malheur dont elle continuera de faire l'épreuve dans sa vie d'adulte [...] Orpheline de bonne famille recueillie par sa tante, elle n'avait pas sa place parmi les enfants de maître, ni parmi les domestiques. Aussi connut-elle d'emblée, comme le vilain petit canard d'Andersen, le flottement identitaire de qui

1. C. Brontë, *Villette*, Everyman's Library, London, 1957 (1853), p. 22.
2. Bernadette Bertrandias, « Les Images de L'Eau et du Feu dans les romans de Charlotte Brontë », Centre du Romantisme Anglais, Presses de Clermont-Ferrand, 1974, p. 41.

> ne ressemble à personne, la solitude de l'intrus dans sa propre maison, et l'infériorité des boucs émissaires, condamnés à "l'humiliation et au doute". Exclue et répudiée, elle échouera dans un orphelinat[1] [...]

Les deux scènes posent le problème de la relation de soi à soi et à l'autre, en termes de configuration spatiale, chaque maison, voire chaque pièce, contribuant à la construction – au Bildung – ou à la déconstruction du Je : « the elaborate system of spacial relations captures the intricacies of Jane's fragile position between urgent inner needs and looming external threats[2] ». Brocklehurst reprend à son compte les dénonciations de Mrs Reed, dont il cautionne les valeurs sociales : richesse vaut moralité. À moins que la punition qu'il inflige à Jane ne soit une riposte dilatoire à ses réponses sur la Bible, jugées blasphématoires. À la solitude de la chambre rouge s'oppose la multitude de la salle de classe. Le tête-à-tête, ou face-à-face, devient face à plusieurs. Lowood est le tribunal dont Brocklehurst est le président, le juge redouté. Si le miroir de la chambre rouge était déformateur du Je, les yeux-miroirs – « eyes directed like burning glasses » – sont tout aussi dangereux : « the stare of others are physical assaults[3] », violant ou volant un Je mis à vif : « my scorched skin », qui anticipe l'immolation finale de la folle sur son toit brûlant. Exposée à la vindicte publique, Jane est aussi vulnérable que dans la chambre rouge : « the absence of barriers leads to a contrary, but no less pressing, crisis: the self stripped of any protective carapace, defenceless before nature and human society[4] ». De deux maux, il n'en est pas de moindre. Brocklehurst, le grand méchant loup, est aussi une colonne phallique et marmoréenne :

> [...] a black pillar! – such, at least, appeared to me, at first sight, the straight, narrow, sable-clad shape standing erect on the rug; the grim face at the top was like a carved mask, placed above the shaft by way of capital. (63)

Épitomé du surmoi victorien, hypocrite qui s'abrite derrière sa religion, Brocklehurst est le pilier de cette société, qui ne demande qu'à croire Mrs Reed, qualifiée de « pious, charitable lady » (99), qualités dont elle est précisément dépourvue. Si, au travers des portraits de ces deux personnages, l'ironie de la narratrice et, derrière elle, le ressen-

---

1. Nathalie Heinich, *États de Femme, L'identité féminine dans la fiction occidentale,* Paris, Gallimard, 1996, p. 11.
2. Karen Chase, *Eros and Psyche, The representation of personality in Charlotte Brontë, Charles Dickens, George Eliot*, Methuen, London and New York, 1984, p. 85.
3. *Ibid.*, p. 62.
4. *Ibid.*, p. 63.

timent de son auteur, sont à leur comble, « it must be admitted that Brocklehurst is hardly a psychologically convincing creation[1] ». Mais, dans cette caricature de puritain victorien, que l'on retrouve sous les traits plus comiques de Joseph dans *Wuthering Heights*, Charlotte Brontë ne dénonce pas tant son calvinisme, si outrancier soit-il, que son manque des vertus évangéliques les plus élémentaires : « This would be exponent of the religion of the heart, who upbraids a child (Jane) for possessing a "heart of stone" (65), himself has no heart at all[2] ». Aux questions sur l'Enfer qu'il faut éviter, Jane répond par un bon sens que cautionne la narratrice et qui ne peut que faire sourire, Brocklehurst mis à part : « keep in good health and not die » (64). Soigneusement prévenu contre Jane, Brocklehurst n'a plus qu'à mettre en pratique son credo victorien : « punish her body to save her soul » (98), écho direct de la maxime « spare the rod and spoil the child », affichée sur la théière de Miss Branwell à Haworth. L'apostrophe au reste de la classe, dont il lui faut la caution, sous forme de relatifs interrogatifs – « Who would think that the Evil One had already found a servant and an agent in her? » (98) – actualise les propres craintes de Jane dans la chambre rouge : dans le discours de Brocklehurst, la fée (« half-fairy ») s'abolit, pour laisser place au mauvais génie (« half-imp »). Ces questions rhétoriques deviennent vite des ordres cumulatifs : « you must be on your guard against her; you must shun her example » (98), qui culminent en une accusation qui rejette, cette fois, l'intruse en fin de phrase, l'enfermant entre tirets – « this girl » – dans un déterminisme négatif, définissant irrémé/*diablement* une identité qu'elle recherche – on n'échappe pas à une étiquette – d'autant que Brocklehurst lui-même met en doute les propriétés curatives de Lowood dans le cas d'un sujet selon lui aussi gravement atteint : « if, indeed, such salvation be possible » (98). Il prévient aussi contre les dangers de la contamination dans un discours qui anticipe celui de Rochester à propos de Bertha : « That demon's vicinage is poisoned » (328), craignant que son agneau ne tombe dans la gueule du loup : « I should have been a careless shepherd if I had left my lamb – my pet lamb – so near a wolf's den, unguarded » (245). Brocklehurst applique le seul châtiment qu'il connaisse, l'exposition publique : « Let her stand half an hour longer on that stool » (98).

Lorsque Mrs Reed condamne Jane à la chambre rouge, les deux servantes la poussent aussi sur un tabouret que son instinct l'incite à quitter immédiatement, redoutant le piège : « [...] had thrust me upon a stool», « my impulse was to rise from it like a spring » (44). Bessie

1. Marianne Thormählen, *The Brontës and Religion*, C.U.P. , 1999, p. 183.
2. *Ibid.*, p. 184.

menace de la ligoter comme le fera plus tard Rochester avec Bertha, « the night/mare » : « Grace Poole gave him a cord, and he pinioned [her arms] behind her » (321). Jane, « the bad cat, the rat, the bad animal » (41, 43), est une Bertha en herbe, qu'il faut dompter, comme la folle dans le grenier. Le motif sera réitéré à Lowood lorsque Helen est fouettée par Miss Scatcherd. Au premier mouvement de rejet du tabouret-piège, succède une appropriation graduelle de l'objet, marquée et soutenue par le possessif « my » (46) : « My seat was a low ottoman near the marble chimney-piece », où Jane, bouc-émissaire, « the scapegoat of the nursery » (47), tête de Turc (que pourrait suggérer le choix de « ottoman ») est clouée et retrouve sa place de Cendrillon, près de la cheminée où il n'y a plus de feu : « This room was chill, because it seldom had a fire » (45). Osant pourtant quitter son siège, Jane se retrouve confrontée à des visions encore plus anxiogènes que les premières : l'espace s'abîme/s'abyme dans le miroir abyssal : « the depth it revealed ». Profondeur creuse, « bottomless pit », dira Brocklehurst pour décrire l'Enfer, tombal, où le réel métaphorisé intensifie sa menace dans le reflet : « colder and darker ». « Les miroirs sont des portes par où va et vient la mort », dit en substance Cocteau. Le miroir est pourtant inévitable : « I had to cross » et, à la peur de Jane, se mêle l'attirance de la profondeur, du vide et du mystère. La vision de soi en autre inconnu – « alien » – renvoie Jane à son tabouret, antidote du miroir : « I returned to my stool », devenu refuge, seul point d'ancrage solide dans un réel vacillant et déformé, qui garde sa fonction initiale et permet à l'enfant de rationaliser sa situation et d'en conclure à l'injustice : « "Unjust! unjust", said my reason » (47).

Issu du même « crime » – Jane est toujours pauvre, laide et rebelle – le second châtiment à Lowood semble une réitération du premier. Là encore, elle est passive : « I was placed there », « mounted aloft », par des agents cette fois indéterminés : « by whom, I don't know ». Elle subit l'ignominie de l'exposition : « I, who had said I could not bear the shame of standing on my natural feet in the middle of the room, was now exposed to general view on a pedestal of infamy » (99). Le tabouret devient échafaud, l'analogie implicite renvoyant aux « gallows » des *Bewick Birds*, le livre chéri de Gateshead. Mais si la scène est reprise de la chambre rouge, elle en est aussi l'inverse : contrairement au « low ottoman », où Jane est condamnée à rester assise par la volonté déléguée, émissaire, des servantes, puis par la sienne propre, elle est ici placée sur un tabouret très haut, éloignée du groupe par un déictique infamant – « that stool » – qui subit cependant une oxymorisation salvatrice : « pedestal of infamy ». L'exposition honnie se transforme en victoire bénie. L'humiliation s'estompe devant la dignité recouvrée, grâce, en partie, à la position debout, impossible dans la chambre rouge. De passive, Jane devient active : « [I] lifted up my head and took a firm stand on the stool » ; elle se sert du tabouret comme d'un support à sa dignité retrouvée et relève le défi. La condamnation s'inverse en victoire : « [Jane] has to negociate some kind of personal balance [to become] agent not victim [...] at the heart of her inner and outer struggles lies her refusal to allow her own victimisation[1] ». L'équilibre – « personal balance » – est aussi littéral que métaphorique : « firm stand ». D'ennemi ou de refuge, le tabouret devient trône. Tout se passe comme si le négatif du « easy-chair [...] looking like a pale throne » de la chambre rouge se développait, prenait chair. À la schizophrénie/paranoïa qui se clôt sur un évanouissement, succède une hystérie vite jugulée : « I mastered the rising hysteria », autre crime dont Jane avait été accusée à Gateshead : « a picture of passion ». Le détachement est là, dans l'analyse quasi simultanée des symptômes cliniques, impossible dans la chambre rouge : « I began to study the palsy of my nerves », mais aussi dans l'annonce de la victoire : Jane en César – « to feel the Rubicon was passed » – s'apprête à soutenir l'assaut.

La crise de folie – « incredulous of my sanity » (44) – coïncidant avec l'enfermement dans la chambre rouge, se termine par un évanouissement, mime de la raideur cadavérique : « cold as stone » – la mort par anorexie restant hypothétique. Évanouissement qui tire le rideau sur une scène dont les répercussions ne cesseront de jouer dans la vie ultérieure de Jane : « I lost consciousness for the second time – only the second time in my life » (312) dira Jane après la visite nocturne de Bertha. Le réel métaphorisé, puis spécularisé, catalyseur de visions hallucinatoires, s'abolit, se dissout et Jane tombe dans le vide ouvert par le creux visionnaire. Les deux scènes d'évanouissement sont induites par des visions de l'au-delà ou par ce qu'elle croit être du surnaturel : le monde des vampires et des spectres, dans le cas de Bertha : « the foul German spectre – the vampire » (312). S'il permet d'échapper au réel, l'évanouissement est aussi accomplissement du rite de passage, précédé par une description, que l'on peut, avec John Maynard[2], analyser en termes sexuels : « My heart beat thick, my head grew hot; a sound filled my ears [...] I was oppressed, suffocated », et qui traduit la difficulté du passage à la maturité, que Jane refuse, implorant, symboliquement, qu'on la remette dans la nursery, où elle passera des semaines avant de quitter Gateshead. L'esclave rebelle doit donner naissance à une nouvelle Jane : « It's Jane's turn to become a woman,

1. Pauline Nestor, *Charlotte Brontë*, Macmillan Education, Basingstoke and London, 1987, p. 51.
2. John Maynard, *Charlotte Brontë and sexuality,* C.U.P., 1984.

to have the tomboy knocked out of her[1] », soumise à ses geôlières : « [Fainting] is the point of physical submission[2] » ; « The narrative, together with the girl-child will grow from revolted marginality to quiescent socialisation[3] ». Le passage de la chambre rouge n'est pas sans évoquer le séjour de Catherine Earnshaw à Thruhcross Grange dans *Wuthering Heights* : les deux « incarcérations » servant à faire passer Catherine et Jane de l'état d'enfants sauvages à celui de jeunes femmes dont on prend soin – en récompense de la soumission – : « lifting me up and supporting me in a sitting posture, and that more tenderly than I had ever been raised or upheld before » (51). Jane est devenue un objet sexuel fragile, à manipuler avec précaution.

À Lowood, la sortie de la crise est moins solitaire. Si Jane parvient d'abord seule à dominer la passion – l'étymologie renvoie cette fois à une image de Jane en Christ crucifié – elle est aussi aidée par Helen Burns, figure angélique. Jane, frappée de honte in/fantile : « no language can describe », a recours aux images qui parlent pour elle. Les symptômes physiques du malaise, qui rappellent ceux de la chambre rouge – « stifling my breath and constricting my throat » – disparaissent devant les yeux de Helen Burns, qui, loin de détourner le regard comme ces « female Brocklehursts » (98), risibles en dépit de la situation, transmet à Jane la force de surmonter la crise : « bore me up », « imparted strength ». Les yeux de braise du reste de la classe s'éteignent devant la lumière divine dont Helen est porteuse. L'Enfer s'éclipse devant le Paradis que lui promet Helen dans un sourire aussi éloquent que son regard. Helen est l'ange libérateur, qui vient sauver la victime de l'échafaud et fait de la martyre un héros. En levant les yeux vers Jane, elle permet à celle-ci de relever la tête et d'asseoir sa position debout. Le tabouret devient trône et Jane recouvre l'usage de la parole en retrouvant sa dignité. Les « extraordinary sensations » se substituent aux indescriptibles sensations précédentes. Le Je se reconstruit, redevient sujet, se réinsère dans la relation humaine : « the end of the book is not the rage of the Romantic radical who wants justice, but the rage of the outsider who just wants to get in[4] ». La vaincue devient vainqueur quand l'infâmie fait place au piédestal : « le trône, le piédestal ont la fonction universelle de support de la gloire ou de manifestation de la grandeur humaine et divine[5] ». Contrairement à Helen, prête à tendre l'autre joue dans sa sainteté excessive, jamais

1. E. Figes, *op. cit.*, p. 128.
2. *Ibid.*, p. 129.
3. Penny Boumelha, *Charlotte Brontë*, Key Women Writers, Hemel Hempstead, 1990, p. 60.
4. Judith Weissman, *Half Savage and Hardy and Free: Women and Rural Radicalism in the Nineteenth-century Novel*, Middleton, Conn, Wesleyan University Press, 1987, p. 84.
5. Jean Chevalier et Alain Gheerbrant, *Dictionnaire des Symboles*, Laffont, Paris, 1962, p. 977.

Jane ne sera à genoux. Helen aide à l'initiation de Jane, mais la voie qu'elle propose est sans issue.

Ces deux scènes initiales illustrent deux états/étapes de la vie de Jane où elle présente des versions d'elle-même qu'il lui faudra désavouer comme autant d'alternatives impossibles : « Jane learns how not to be[1] » : ni Helen ni Bertha, les deux emblèmes de la passion dans son sémantisme double. Jane ne doit plus être « *out* of herself » (44 ; les italiques sont de l'auteur), mais « with herself as herself », pour un Je installé en soi.

Le Bildung

Chaque unité narrative suit un schéma fixe : rébellion/soumission, comme si Charlotte Brontë voulait faciliter la tâche à ses lecteurs. C'est peut-être dans la préface de *The Professor* qu'elle donne sa meilleure définition du Bildung, qu'elle ne respecte pas à la lettre dans *Jane Eyre*, les interventions de la Providence, ces « sudden turns » dont elle parle ici, y étant beaucoup plus nets.

> I said to myself that my hero should work his way through life as I had seen real living men work theirs - that he should never get a shilling he had not earned - that no sudden turns should lift him in a moment to wealth and high station; that whatever small competency he might gain, should be won by the sweat of his brow[2].

Dans *Jane Eyre*, Gateshead et Lowood, les deux stades initiaux, s'inscrivent sous le signe du manque, tant affectif que physique. Ces deux unités narratives peuvent être regroupées, quoique la séquence de Lowood se divise en deux parties : la première s'inscrit bien sous l'égide du manque et de la souffrance, éclairée néanmoins par les deux figures tutélaires de Miss Temple et de Helen Burns, alors que la seconde, après le départ de Miss Temple et la mort de Helen, coïncide avec le début de la maturité pour Jane, qui sort de l'enfance, apaisée, bien que toujours insatisfaite.

À Gateshead, que l'on a souvent parodié en Gateshell, l'esprit est malmené. Jane est « interdite d'expression » et les interventions brutales de John Reed mettent fin à son seul plaisir solitaire – la lecture. Les livres sont autant d'objets interdits, parce qu'ils appartiennent aux Reed : « I'll teach you to rummage among my book-shelves: for they are

---

1. K. Chase, *op. cit.*, p. 78.
2. C. Brontë, Author's Preface to *The Professor*, London, Everyman's Library, 1969 (1857), p. xi.

mine » (42 ; les italiques sont de l'auteur). Les assertions répétées de titres de propriété de John Reed renvoient Jane à sa condition de dépendance. L'orpheline est confrontée au double problème social et affectif de son statut, ce que ne manquent jamais de souligner aussi les servantes, porte-parole de la maîtresse des lieux et exécutrices de ses volontés. Mrs Reed n'a de mère de substitution que le rôle, jouant auprès de Jane celui de Hindley pour Heathcliff, lorsque, dans les deux cas, ont disparu les figures protectrices masculines de Mr Reed et de Mr Earnshaw. Si la famille est bien un *topos* victorien, auquel Charlotte Brontë fait une large part, n'est-ce pas pour mieux détruire le mythe de l'union et de l'amour, comme le fera plus tard Dickens ? Il faudra à Jane plusieurs autres épreuves et à Charlotte Brontë plusieurs centaines de pages avant la rencontre avec la vraie famille, les Rivers. La seule figure positive à Gateshead, Bessie, n'a guère le loisir de manifester sa sympathie à la victime, dépendante qu'elle est aussi de la même famille et des exigences de la maîtresse de maison. L'atmosphère même de la demeure reflète le manque général. Il reste à Jane deux choix possibles : la rébellion ou la soumission. Elle opte, nous l'avons vu, pour la première, et le châtiment ne se fait pas attendre. La métamorphose du tabouret-échafaud en trône de gloire emblématise la métamorphose de Jane : Jane ne sera pas la victime que les forces extérieures (Mrs Reed ou Brocklehurst) veulent qu'elle soit, écrasée par une condition sociale défavorable, mais vainqueur, debout sur son piédestal. À Lowood, grâce à Helen et à Miss Temple, Jane apprend à dominer des instincts trop prompts à s'enflammer. La bipolarité sémantique du patronyme de Helen Burns (« brûler » – « she burns with consumption » – et « ruisseau » en écossais) regroupe les deux voies antagoniques de l'eau et du feu. Jane devra mettre de l'eau dans son feu : le sauvetage ultérieur de Rochester actualise spectaculairement sa propre démarche. Les leçons d'Helen, qui prévient Jane contre des inclinations dangereuses – « you think too much of the love of human beings » (101) – seront entendues. Jane doit apprendre à doser. Mais faire fi de l'amour humain, comme Helen ou, plus tard, St John Rivers, est aussi une voie sans issue – « a dead end » (la métaphore pouvant être prise au pied de la lettre, puisque ces deux figures rencontrent une mort précoce). L'amour divin doit néanmoins être pris en compte : c'est dans la réconciliation entre Éros et Agapê que se trouve la réponse. Rochester l'apprendra à ses dépens. L'influence de Miss Temple sur Jane est plus tempérée, davantage à la mesure humaine. La scène où elle invite Jane et Helen à goûter offre un contraste frappant avec l'atmosphère qui prévaut à Lowood :

> [...] we feasted that evening as on nectar and ambrosia; and not the least delight of the entertainment was the smile of gratification with which our hostess regarded us, as we satisfied our famished appetites on the delicate fare she liberally supplied. (104)

La chambre de Miss Temple est un havre – un temple – de paix et d'abondance alors que Lowood est sous l'égide de la loi, de la religion et de la morale « carried to excess ». La scène où Brocklehurst exige que soient coupés les cheveux indisciplinés des fillettes (scène dont la psychanalyse a de quoi se régaler) précède de peu l'arrivée de sa famille, dont l'apparence et l'accoutrement apportent un flagrant démenti aux principes qu'il vient d'appliquer aux autres fillettes.

> Miss Temple, Miss Temple, what - *what* is this girl with curled hair? Red hair, ma'am, curled - curled all over? [...] We are not to conform to nature. I wish these girls to be the children of Grace. [...] Miss Temple, that girl's hair must be cut off entirely; [...] and I see others who have too much of the excrescence –.
> [...] Mr Brocklehurst was here interrupted; three other visitors, ladies, now entered the room. They ought to have come a little sooner to have heard this lecture on dress, for they were splendidly attired in velvet, silk and furs. The two younger of the trio [...] had grey beaver hats, then in fashion, shaded with ostrich plumes, and from under the brim of this graceful headdress fell a profusion of light tresses, elaborately curled; the elder lady was enveloped in a costly velvet shawl, trimmed with ermine, and she wore a false front of French curls. (96-97 ; les italiques sont de l'auteur mais c'est moi qui souligne)

L'horreur du corps s'exprime dans la répétition obsessionnelle du relatif qui réifie la fillette, coupable du péché de « frisure », assimilé à une maladie : « excrescence », véritable tumeur dont il faut l'amputer, d'autant que le roux de la chevelure ne fait qu'en souligner l'exubérance. Toute différence doit être abolie dans le moule d'une doctrine calviniste érigée en Absolu, mais réservée aux « unhappy few ». Les trois « female Brocklehursts » (98) incarnent la vanité, péché mortel lorsqu'il s'agit des « autres » : il y a bien deux poids, deux mesures, dans ce monde victorien, où les valeurs d'une Mrs Reed font loi, mais où les riches sont dispensés de se conformer aux mêmes lois. Loin d'échapper à l'ironie de Jane, actrice et narratrice, la scène contribue à affaiblir la crédibilité et l'autorité d'un Brocklehurst ridiculisé, autre fissure dans la « colonne de marbre ». Si Brocklehurst a tout pouvoir sur le corps des fillettes, soumis à un régime sévère, leur âme reste leur propriété.

Au chapitre 10, qui coïncide avec la fin de la période Lowood, deux Jane cohabitent. L'une, imprégnée des leçons d'Helen, a reconnu Dieu et la nécessité d'une vie avec lui. L'autre, attend toujours amour et vie sur terre : « I was quiet; I believed I was content; to the eyes of others, usually even to my own, I appeared a disciplined and subdued character » (116). Si Lowood a aidé Jane à échapper à la prison dans laquelle la passion l'enfermait, celle-ci n'est cependant pas éteinte :

> [...] there was the hilly horizon. My eye passed all other objects to rest on those most remote, the blue peaks. It was those I longed to surmount; all within their boundary of rock and heath seemed prison-ground, exile limits. (117)

Lowood est un stade nécessaire dans le Bildung, mais pas suffisant. Les deux séquences initiales de l'enfance ont révélé l'intime de Jane : une quête personnelle, dont la satisfaction ne pourra être que dans l'équilibre atteint entre désirs individuels et respect des dictats de la morale et de la religion.

Les trois autres séquences vont développer la quête et la mener à son terme. Si Lowood, on l'a vu, peut s'analyser en deux étapes, la première liée à l'enfance et la seconde ouvrant sur l'âge adulte, Thornfield suit, structurellement, un schéma comparable. Au cœur du roman, tant du point de vue narratif que pour le développement personnel de l'héroïne, Thornfield est la séquence la plus touffue, la plus épineuse du récit. C'est là que Jane commence véritablement l'apprentissage de son expérience personnelle. Les débuts à Thornfield sont aussi solitaires que l'enfance. Jane a pour seules compagnes Mrs Fairfax et la jeune Adèle. L'existence monotone qu'elle mène est ponctuée de cris étranges dont la provenance ne lui est pas révélée. Thornfield est une demeure sortie tout droit d'un roman gothique :

> Battlements round the top gave it a picturesque look. Its gray front stood out well from the background of a rookery, whose cawing tenants were now on the wing. They flew over the lawn and grounds to alight in a great meadow, from which these were separated by a sunk fence, and where an array of mighty old thorn trees, strong, knotty, and broad as oaks, at once explained the etymology of the mansion's designation. (131)

Et Jane elle-même déclare, à propos du mystérieux troisième étage, « the shrine of memory » : « if there was a ghost at Thornfield Hall, this would be its haunt » (137). L'arrivée de Rochester interrompt sa solitude, prolepse de son intrusion ultérieure dans le jardin où Jane erre, seule. La scène qui montre Rochester, sur son cheval noir, précédé d'un chien que Jane prend d'abord pour un animal de légende – le Gytrash –

est, encore une fois, une réécriture de conte de fées, si ce n'est que la chute – au sens propre – du conte fait du Prince Charmant un homme bien ordinaire qui requiert l'aide de Jane pour se relever, scène qui préfigure le tour que prendra la relation entre Jane et Rochester. Jane deviendra le « prop and guide » d'un Rochester diminué. Les sentiments de Jane, jusqu'ici peu sollicités, sont prompts à s'enflammer, en dépit des interdits victoriens : elle est socialement inférieure à Rochester, son employeur, de vingt ans son aîné. En outre, la rumeur veut que Rochester soit le promis de Blanche Ingram, la belle aristocrate. Blanche Ingram est le premier obstacle à la relation entre Jane et Rochester. Blanche, double socialement présentable de Bertha, à laquelle Rochester la compare dans sa narration ultérieure à Jane, est et possède tout ce que Jane n'est pas et ne possèdera jamais, mais manque cruellement, constate Jane, de ce qui aurait le pouvoir de séduire Rochester : « *she could not charm him* » (215 ; les italiques sont de l'auteur) ; – « Blanche » peut d'ailleurs se traduire par « blank » qui signifie vide, en anglais – observe Jane lors des festivités de Thornfield auxquelles elle n'assiste qu'en spectatrice, qui, comme à Gateshead, voit sans être vue : « the “double retirement” of the window-seat represents a moment of spatial, as well as emotional equilibrium: Jane secluded but not confined, separated from those who threaten her and yet positioned to look into open space[1] ». Et ce en dépit d'un physique que Jane lui envie, au point de peindre son propre portrait et, en parallèle, une miniature flatteuse de sa rivale. L'obstacle présenté par Blanche Ingram est plus éphémère que celui de son double immontrable : Bertha Rochester, la folle dans son grenier (dont nous analyserons ensuite le caractère gothique). Rochester maintient aux yeux du monde – et de Jane (qu'il veut séduire et épouser) – un semblant d'ordre et de décence que les cris sauvages – sèmes auditifs égarés, selon Catherine Lanone – viennent perturber. En dépit des tentatives renouvelées de Bertha Rochester pour briser le mariage annoncé entre son propre mari et Jane, et, jusqu'à la veille dudit mariage où elle vient déchirer en deux le voile de mariée de Jane (dans un geste où le symbolique l'emporte), Rochester, obstiné dans sa quête, continue à faire « comme si de rien n'était », mais Bertha n'est pas rien, même si le grenier joue le rôle d'oubliette, – « shrine of the past » – métaphorisant la volonté de Rochester d'oublier ce qui l'encombre. Si l'on reprend l'analyse de Bachelard, qui voit le haut de la demeure comme le cerveau et la cave comme les entrailles et le siège des instincts, Thornfield serait alors tombé sur la tête. Chaque montée au grenier est une véritable descente aux Enfers : le mot même est utilisé par Rochester le jour du

1. K. Chase, *op. cit.*, p. 86.

Q

mariage catastrophe : « looking collectedly at the gambols of a demon (at the mouth of Hell) » (322). Rochester « prend ses désirs pour des réalités », et lorsque ceux-ci seront effectivement réalité, ce sera au prix de souffrances physiques et morales. Dans cette seconde phase de la section Thornfield, les deux personnages principaux, Jane et Rochester, suivent des voies parallèles, mais non convergentes. Les cauchemars de Jane sont révélateurs de ses angoisses. Rochester mène un jeu auquel elle n'aime pas jouer, et auquel il se brûlera, transgressant les lois divine et morale en voulant épouser Jane alors que son épouse légitime, aussi folle soit-elle, est toujours en vie, même si, selon George Eliot, cette loi qui condamne un homme à vivre avec « une carcasse en putréfaction », est inique : « That is *my wife* [...] And *this* is what I wished to have » (322). Même si la comparaison, apparemment flatteuse pour Jane, devrait hérisser les critiques féministes – les deux déictiques portant à son comble le processus de réification, de dégradation, de « clichéisation » mortifère que Jane reproche à Rochester au cours du mois qui précède la cérémonie –, Jane préférerait être, comme elle l'assure elle-même, « une chose qu'un ange » (291). Le matin du mariage, Jane ne se reconnaît pas dans le miroir, écho topique de celui de Gateshead qui lui renvoyait une image scindée : « a robed and veiled *figure* so unlike my usual self » (315 ; c'est moi qui souligne). Le « stade du miroir » est ici déformateur du Je. Le miroir anamorphique, qui emprisonne et déforme le moi pourrait bien cependant jouer le rôle de révélateur : Jane ne devrait pas être la mariée dont elle porte les vêtements – qui semblent ne pas lui appartenir : « the strange wraith-like apparel it contained » (303) – et elle a hâte de fuir cette image qui n'est pas sienne, tentant d'échapper aux mains de Sophie, qui l'a contrainte à se regarder : « I hurried from under her hands » (315). Dans cette phase qui précède le mariage, il semble que Jane obéisse aux ordres des autres – Rochester ou les servantes – incapable de réaction. Jane devient objet passif d'un Rochester qui l'emprisonne dans des clichés romantiques mortifères (« fair as a lily ») autant qu'il la tient fermement par le bras : « my hand was held » ; « I was received », « I was hurried along » (316). En imposant à Jane un mariage illégal, Rochester enfreint le code moral de l'individu. Rochester est aveuglé – au point de littéraliser plus tard la métaphore en devenant partiellement aveugle – par l'illusion qu'il peut transgresser la loi en toute impunité. Les années de malheur et d'Enfer lui donnent droit, selon lui, à un Paradis. Mais Jane est sa dupe, qu'il maintient dans des ténèbres aussi littérales que métaphoriques : « I was left in total darkness » (181). Sa trahison devient publique le jour du mariage. Rochester est allé jusqu'à la limite extrême, dans l'espoir que rien ni personne ne pourrait venir briser le bonheur qu'il se promet avec Jane. La décision de Jane de quitter Rochester après le mariage manqué est la réponse de la morale et de la conscience à ceux qui les oubliaient : « Conscience, turned tyrant, held passion by the throat » (325). Le duel est difficile, mais c'est la conscience qui l'emporte : « My daughter, flee temptation » (346). Les voix se mêlent : celle de la conscience emprunte des accents maternels enfuis et enfouis, jamais entendus, pour mieux éclairer Jane en proie au tourment de l'hésitation :

> The narrative voice self-consciously positions itself as the separating daughter, and it enacts its own production of meaning and voice in difference from both parent-figures, Mother Nature and God the Father[1].

Le départ de Jane est, à ce stade, nécessaire : « Laws and principles are not for times when there is no temptation: they are for such moments as this, when body and soul rise in mutiny against their rigour » (344). L'errance de Jane sur la lande est un écho littéral de son errance mentale précédente.

Sauvée par une Providence qu'elle implore, Jane échoue à Moorhouse où le maître de maison est un anti-Rochester, ou bien son double inversé, antidote de la passion que ce dernier incarne, et dont Jane a soif. St John se présente comme le renoncement de la passion amoureuse, lui préférant la passion en son sens étymologique de souffrance. Son seul idéal est divin, au point où il néglige, voire bafoue, l'humain. Le rejet de Rosamund Oliver en est le témoignage. Tout attrait pour l'humain est perçu comme faiblesse, et si Charlotte Brontë ne se rit jamais de St John, la condamnation par la bouche de Jane n'en est pas moins sévère. St John incarne un idéal désincarné et mortifère : « You are killing me now » (438), le torrent de sa volonté risque d'engloutir une Jane fascinée. La section de Moorhouse suit un itinéraire parallèle à celle de Thornfield. Les débuts sont positifs : Jane trouve chez les Rivers, le frère et les sœurs, ce dont elle a toujours manqué à Gateshead. Les Rivers, comme s'ils tenaient les promesses de leur nom sont une source de vie, que St John menace cependant de tarir de par ses exigences inhumaines. La vie de sacrifice qu'il s'impose implique le sacrifice d'autrui en général et de Jane en particulier. C'est lorsqu'il lui offre le mariage pour qu'elle puisse le suivre en Inde que l'harmonie se rompt. Comme Rochester, St John poursuit sa voie personnelle et divine, négligeant les désirs de Jane, la privant d'une parole qu'elle n'est plus en mesure de proférer : « I have an answer for you » (428),

1. Carolyn Williams, « Closing the Book, The Intertextual End of *Jane Eyre* », University of Virginia Press, 1989, p. 69.

l'in/fantilisant, au sens propre, étymologique du terme. Mais tandis que Rochester transgressait la loi divine, St John transgresse la loi humaine. Une fois encore, la faute (il est significatif que la prononciation de St John soit « sin ») est du côté de l'homme et Jane apparaît comme la victime, qui sortira intacte des deux épreuves. Si la faute de Rochester est « self-indulgence », celle de St John est « self-sacrifice » qui implique celui des autres. Le schéma de la section Moorhouse suit aussi celui de Thornfield, lorsque Jane entend la voix de Rochester au moment crucial où elle est prête à céder aux instances de St John. Elle quitte Moorhouse comme elle avait quitté Thornfield, où elle retourne. La décision, cette fois, lui appartient et le retour à Thornfield n'est pas dicté par sa connaissance des événements dont la narration lui est faite, plus tard, par l'aubergiste. Jane retourne à Thornfield parce qu'elle a choisi de vivre avec Rochester. La fin du roman consacre l'harmonieuse fusion entre l'humain et le divin, mais dans un autre lieu. Thornfield, le champ d'épines, a brûlé. Les passions incandescentes périssent de leur propre excès. Bertha Rochester, la folle sur son toit brûlant, a sauté dans le vide, entraînant dans sa chute Rochester venu lui porter secours. La mutilation et la cécité partielles de Rochester sont le prix à payer pour comprendre, pour – paradoxalement – voir plus clair. *Jane Eyre* est un roman d'initiation et d'éducation et Jane n'est pas seule à « progresser ». Il faut d'ailleurs que Rochester progresse aussi pour que soit possible leur (ré)union. Jane est parvenue à la fin de son chemin de croix, d'un trajet parsemé d'embûches, qu'elle a réussi à surmonter.

Le chemin de croix du pèlerin

On peut lire *Jane Eyre* comme le *Pilgrim's Progress* « revu et corrigé », ce que Charlotte Brontë nous invite certainement à faire de par les multiples références à l'ouvrage de Bunyan, ne serait-ce que par l'évocation directe du personnage de Great Heart auquel est comparé St John. Même si, comme le souligne Carolyn Williams, *The Pilgrim's Progress* pourrait bien être un anti-modèle, Jane refusant le rôle passif de Christiana, refusant de « [be led by a] guardian angel watching the soul for which he is responsible » (443).

Dans cette partie sur la religion, je me référerai fréquemment à l'ouvrage récent et très complet de Marianne Thormählen, *The Brontës and Religion*, déjà évoqué en note. « For any Protestant Christian, the chief source of instruction on how to live and what to believe was always the Bible, "a lantern to our feet, and an enlightenment to our souls"[1] ». La Bible fait partie intégrante de la vie des Brontë et leurs romans en sont imprégnés. La prose brontéenne est même contaminée par la phraséologie biblique. Au cours de son pèlerinage, Jane évolue sur le plan religieux. La première « rencontre » avec la religion se fait sur le mode antagonique, puisqu'il s'agit de Brocklehurst. Aux questions qu'il pose à Jane sur la Bible, celle-ci répond avec un bon sens que l'on a déjà souligné, à un Brocklehurst qui ne saurait que désapprouver son peu de goût pour les Psaumes : « Her indifference to the Psalms proves that God is not real to her[2] ». Pas davantage que Mrs Reed, Brocklehurst ne saurait être sensible à l'honnêteté et à la franchise de Jane, donnant d'ailleurs en exemple un enfant prêt à tout – à assurer en tout cas que les Psaumes sont sa lecture favorite – pour gagner ses bonnes grâces. Jane se fait le porte-parole de sa créatrice, qui déclare, dans la préface à la seconde édition de *Jane Eyre :* « To pluck the mask from the face of the Pharisee, is not to lift an impious hand to the Crown of Thorns ». Et Brocklehurst d'être démasqué lors de la scène précédemment citée. Dans sa relation avec Brocklehurst, Jane exprime sa haine de l'oppression, qui va de pair avec son goût pour la liberté de pensée : « whatever he might do with the outside of the cup and platter, the inside was farther beyond his interference than he imagined » (98). L'âme reste la propriété privée de celles qui n'ont rien. Le concept de liberté est d'ailleurs un concept-clé dans l'écriture brontéenne, d'où, encore une fois, les accusations portées contre les audaces, bien peu victoriennes, du roman. Mais si le personnage de Brocklehurst est tourné en dérision au point de ne plus être crédible (selon Marianne Thormählen), celui d'Helen Burns a une tout autre influence sur la jeune Jane. Si Helen est excessive dans sa foi, elle est aussi excessivement sincère, et Jane, sceptique au début, n'en retient pas moins ses leçons. La franchise des questions que lui pose Jane est un écho direct au dialogue précédent avec Brocklehurst. Mais c'est cette fois Jane qui interroge et l'interlocutrice bienveillante qu'est Helen emportera la conviction de Jane. Peu de temps avant sa mort, elle expose sa conception de Dieu :

> – I believe; I have faith: I am going to God.
> – Where is God? What is God?
> – My Maker and yours; who will never destroy what he created.
> I rely implicitly on his power, and confide wholly in His goodness: I count the hours till that eventful one arrives which shall restore me to him, reveal him to me.

1. M. Thormählen, *op. cit.*, p. 156.
2. *Ibid.*, p. 158.

> – You are sure, then, Helen, that there is such a place as heaven; and that our souls can get to it when we die?
> –I am sure there is a future state; I believe God is good: I can resign my immortal part to him without any misgiving. God is my father; God is my friend: I love him; I believe he loves me. (113)

Contrairement à Brocklehurst qui brandit l'image d'un Dieu menaçant, d'un Père Fouettard, Helen croit en la bonté divine, en un Dieu du Nouveau Testament, figure de Père qui remplacerait celui qui ne se soucie pas d'elle : « [...] and will not miss me » (113). Helen propose à Jane une religion réconfortante, rassurante, une religion du cœur, qui remplit ses promesses étymologiques : *re-ligio,* et sert à unir. Et même si Jane « was no Helen Burns » (98), jamais prête, au nom de la justice, à tendre l'autre joue, elle appliquera, en temps de crise, les préceptes d'Helen.

À Thornfield, lorsque, après le mariage manqué, Rochester la supplie de rester avec lui, Jane lui tient un discours (qu'il ne veut pas entendre) « à la Helen Burns » :

> – Do as I do: trust in God and yourself. Believe in Heaven. Hope to meet again there[1].
> – Then you will not yield?
> – No.
> – Then you condemn me to live wretched, and to die accursed?
> His voice rose.
> – I advise you to live sinless, and I wish you to die tranquil. (343)

Jane se fait le porte-parole d'Helen, dont les mots seront plus tard repris par Rochester lui-même. Son monologue intérieur traduit l'écartèlement entre raison et passion, moi et surmoi, ne serait-ce qu'au travers des questions rhétoriques cumulatives : « Who in the world cares for *you*? or who will be injured by what you do? » (344 ; les italiques sont de l'auteur). Jane prend sa décision de le quitter « à son corps défendant » (et la métaphore peut être prise au pied de la lettre).

Rochester avoue qu'il a voulu commettre le péché de bigamie, heureusement empêché par une Providence vigilante (sur laquelle nous reviendrons) : « I meant... to be a bigamist: but fate has outmanœuvred me; or Providence has checked me, – perhaps the last » (319). Faute avouée est à moitié pardonnée, et Jane, en vraie chrétienne

1. On croirait entendre Helen Huntingdon s'adressant à Gilbert Markham dans *The Tenant of Wildfell Hall* (1848) de Anne Brontë.

(et contrairement à St John Rivers plus tard) lui accorde d'ailleurs son pardon immédiat et inconditionnel : « Reader, I forgave him at the moment and on the spot » (326), l'adresse (fréquente) au lecteur l'invite à pardonner aussi au pécheur. Les leçons de Helen Burns ont porté leurs fruits. Quant à Rochester, il lui faudra la douleur de la séparation et « l'épreuve du feu », à la fois destructeur mais aussi purificateur :

> Le feu qui ravage la demeure est alors le feu destructeur et aussi le feu purificateur. L'isomorphisme entre Rochester et sa maison trouve ici son aboutissement : exorciser la puissance dangereuse, c'est détruire Thornfield, mais c'est aussi mutiler le héros ; cette mutilation est particulièrement significative ; perdant une main et devenant aveugle, Rochester est émasculé [...] ce feu sauvage et destructeur s'est, dans sa furie, anéanti lui-même et Jane, l'ange gardien, va pouvoir faire renaître la flamme parmi les cendres, mais une flamme assagie[1] : "His countenance reminded one of a lamp quenched, waiting to be relit". (464)

Comme le phénix, Rochester renaît de ses cendres – pour reconnaître son créateur – « my Maker » – là encore, la voix d'Helen se fait entendre. La gratitude de Rochester envers un Dieu qui l'a épargné et lui a permis de retrouver une Jane qu'il croyait perdue, est sans bornes. On est loin, à la fin du roman, de la figure conquérante du maître de Thornfield : « But in his countenance I saw a change: that looked desperate and brooding – that reminded me of some wronged and fettered wild beast or bird, dangerous to approach in his sullen woe » (456). Encore une fois observatrice qui voit sans être vue, (comme à Gateshead ou à Thornfield) Jane commente la scène avant d'y faire son entrée. Prométhée enchaîné à sa souffrance, Rochester n'en a pas moins gardé la férocité du vautour qui dévore le foie de sa proie. Il n'y a que Jane qui ose l'approcher : « And reader, do you think I feared him in his blind ferocity? » (456). Comme stimulée au contraire par la dépendance d'un Rochester diminué, Jane s'offre comme guide, alouette, messagère divine (dans un écho direct à la poésie de Shelley). Cette fin de roman est prise et reprise (Rochester compare souvent Jane à un oiseau) dans un réseau métaphorique qui s'articule autour de l'image de l'oiseau, sauvage, mais diminué (l'aigle aux ailes rognées) ou fragile mais libre (l'alouette). On a toujours besoin de plus petit que soi... Jane a trouvé son nid.

1. B. Bertrandias, *art. cit.*, p. 42.

Le choix de quitter St John Rivers, aidé par la voix de la Providence-cum-Rochester (nous reviendrons sur l'épisode) est le choix de l'Amour sur le devoir. St John ne lui présente-t-il pas le mariage comme un devoir divin : « you are formed for labour, not for love » (428) (déclaration bien peu habile pour séduire une femme).

> Une faille marque jusqu'au bout ce récit de soi qui se réclame, autant qu'il s'en démarque, de l'autobiographie spirituelle, opposant à la dynamique dialectique qui le structure, la permanence d'un hiatus essentiel où les thèmes de l'amour et de la religion sont en conflit, et où la voix se perd dans l'instant même où elle a conquis le pouvoir de s'affirmer[1].

Les « marble kisses » de St John – écho de la figure marmoréenne de Brocklehurst – ne sauraient émouvoir une Jane qui, elle, n'est pas de marbre. Si Rochester, au lendemain du mariage manqué, essaie de faire fléchir Jane par un chantage émotionnel, on pourrait parler, dans le cas de St John, de chantage spirituel. La religion qu'il présente à Jane est pétrifiante. Le pardon n'y a pas cours, puisque St John, de toute évidence blessé par la déclaration de Jane : – « I scorn your idea of love. I scorn you when you offer it » (433) – refuse d'admettre ses torts et refuse, en conséquence, le pardon. On trouve un exemple exacerbé d'une religion sans amour dans le personnage secondaire d'Eliza Reed :

> Her minute observance of the tasks and routines she imposes on herself, her dedication to form and letter as well as her indifference to heart and spirit, proclaim her the perfect convert-to-be as unmistakably as "the nun-like ornament of a string of ebony beads and a crucifix" she wears [...] Eliza is an extreme creation in her complete lack not only of charity and compassion, but of any human feeling at all[2].

La quête de Jane s'accomplira sur terre. Jane n'est pas prête, comme Helen Burns, à attendre un au-delà paradisiaque. En comptant sur elle-même, mais aussi avec l'aide de la Providence, manifestation de la présence divine sur terre, Jane réussit à mener à bien sa quête personnelle. « Aide-toi, le Ciel t'aidera » pourrait être sa devise. Si à Gateshead, les interventions de la Providence se font rares, les figures, positive, de l'apothicaire – « I felt so sheltered and befriended while he sat in the chair near my pillow [...] the good apothecary » (51, 55) et négative, de Brocklehurst en sont néanmoins des exemples. Le combat solitaire de Jane s'appuie sur ces aides extérieures. La Providence est

1. B. Bertrandias, « La porte secrète de l'Enfer : *Jane Eyre* ou l'aporie du *Pilgrim's Progress* », Cahiers Edwardiens et Victoriens, n°55, Avril 2002, p. 161.
2. M. Thormählen, *op. cit.*, p. 37.

une stratégie narrative, le surgissement d'un(e) deus/dea ex machina – qui a d'ailleurs été reprochée à l'auteur – mais aussi une conviction personnelle. Les interventions providentielles scandent le récit au rythme des déplacements dans l'espace et dans le temps. À chaque demeure sa Providence, qui participe au Bildung. La maturité et le bonheur sont acquis grâce à elle, mais aussi grâce à la prudence de Jane, alliée terrestre de la Providence (l'étymologie est la même). Si l'individu n'est pas tout seul, Dieu ne l'est pas non plus, et Jane en le servant se sert aussi elle-même. Certaines interventions providentielles tiennent néanmoins du miracle : lorsque Jane erre sur la lande, affamée et sans le sou, elle invoque directement la Providence, synonyme de Dieu le Père : « O Providence! sustain me a little longer! Aid! – direct me! » (356). Il est frappant que les invocations à Dieu se passent toujours dehors, dans la nature, et jamais dans les lieux consacrés : « The absence of spiritual satisfaction in connexion with church-attending is a striking feature in the fiction of the Brontës[1] », d'autant que lors du mariage manqué, l'avocat de Mason apparaît davantage comme une figure diabolique, « a demon ex machina ». C'est aussi et surtout la figure du Père et non celle du fils qui est invoquée : « No Brontë character, however pious, lives ardently in and with Christ[2] ». Lors de ce même épisode sur la lande, la Providence, largement synonyme de Dieu, recouvre aussi la Nature : « Mother Nature and God the Father » pour reprendre l'analyse de Carolyn Williams. Comme pour répondre à la prière de Jane, apparaît alors une lumière, celle de Moorhouse (répétition – au sens théâtral – du message « télépathique » de Rochester) dont les habitants se révèleront être ses cousins, cousins que Jane va pouvoir aider à son tour, en partageant l'héritage que lui lègue son oncle de Madeire. Jane actualise l'homophonie de son nom en devenant « heir ». D'orpheline pauvre et maltraitée, Jane devient riche héritière, entourée d'une nouvelle famille, version revue et corrigée des « méchants » Reed. Jane ne sera pas engloutie par le torrent de la volonté de St John, sauvée in extremis par la voix de Rochester qui l'appelle. De retour à Thornfield, Jane découvre la demeure en ruines, actualisation de son rêve la veille du mariage manqué. Bertha Rochester a péri dans l'incendie qu'elle a elle-même provoqué. La femme « vampiromane » laisse la place à sa rivale. Autre tour que le destin bienveillant joue à Jane. L'obstacle a disparu et Rochester est libre, même si la liberté va de pair avec la perte d'un œil et d'un bras. Les critiques féministes soulignent une fin ambiguë où le futur marié, qui n'y voit que d'un œil, n'est peut-être pas un cadeau : « The qualification

1. *Ibid.*, p. 163.
2. *Ibid.*, p. 64.

of happiness through loss of limb and sight, beside satisfying a rigid religious code, is a result of Charlotte Brontë's habitually pessimistic view of life[1] ». Ferndean, la nouvelle demeure, « loin de la foule déchaînée », est insalubre et isolée, alors que l'on dansait dans les salons brillants de Thornfield. On peut cependant aussi lire cette fin comme le rétablissement ou l'établissement de l'équilibre tant souhaité par Jane, qui devient littéralement la prunelle des yeux de Rochester, réitérant le schéma initial de leur rencontre où c'est elle qui l'aide à se relever de sa chute de cheval, lui offrant son épaule comme appui. Rochester dépend de Jane, qui, elle, ne dépend plus de personne. La déclaration d'égalité précédente : « Equal, as we are » (281) se voit même dépassée : Jane est plus égale que Rochester. La mutilation de Rochester, qu'en termes freudiens, on lit comme une castration, est aussi une plongée dans l'expérience de la femme, (qui devrait satisfaire la critique féministe) dans la souffrance et la douleur. Rochester a appris à reconnaître l'existence de Dieu et renaît de ses cendres. Le feu est l'aube des totales régénérations :

> [...] only of late – I began to see and acknowledge the hand of God in my doom. I began to experience remorse, repentance, the wish for reconcilement to my Maker. I began sometimes to pray: very brief prayers they were, but very sincere. (471)

Si la fin du roman s'inscrit sous le signe d'un bonheur domestique – une chaumière et un cœur –, tout victorien, assagi, on ne saurait oublier que c'est St John, l'homme de Dieu qui a le(s) dernier(s) mot(s) :

> The last letter I received from him drew from my eyes *human* tears and yet filled my heart with *divine* joy: he anticipated his sure reward, his incorruptible crown. I know that a stranger's hand will write to me next, to say that the good and faithful servant has been called at length into the joy of his Lord. And why weep for this? No fear of death will darken St John's last hour: his mind will be unclouded, his heart will be undaunted, his hope will be sure, his faith steadfast. His own words are a pledge of this – "My Master," he says, "has forewarned me. Daily He announces more distinctly, 'Surely I come quickly!' and hourly I more eagerly respond, 'Amen; even so, come, Lord Jesus!'". (477, c'est moi qui souligne)

L'intertextualité de ce dernier paragraphe a été soulignée et analysée par Carolyn Williams dans son article déjà cité en note et intitulé

1. Jenny Oldfield, *Jane Eyre and Wuthering Heights, a Study Guide*, Heimenann Educational Books, London, 1976, p. 82.

« Closing the Book, The Intertextual end of *Jane Eyre* ». Les derniers mots de St John, dit-elle, en substance, sont un écho direct de la Bible (Révélations) : « Jane Eyre ends the story of her life with the last words of the Revelation of St John the Divine, excepting on his concluding benediction[1] ». Le Je de Jane le cède au Je de St John, qui reprend une parole dont il a toujours été maître.

Serait-ce un rappel à l'ordre ? – « This radical gesture puts her narrative closure at risk, destabilizing her feminist position as well as the integrity of her narrative voice[2] », ou, au contraire, une approbation, jusque dans la mort (annoncée) d'une union en conformité avec la loi ? , couronnée ensuite par la naissance d'un enfant. Jane a retenu les leçons d'Helen Burns, qu'elle a adaptées à ses propres exigences : si elle ne saurait vivre sans l'aide de la religion, elle ne saurait vivre non plus sans amour humain. Et c'est à la fin seulement, peut-être dans ces mots de St John, que s'opère l'harmonieuse fusion entre Éros et Agapê, ou, pour parodier Blake, « The Marriage of Heaven and Earth ». Mais si l'existence divine est reconnue et respectée par Jane, c'est grâce à ses capacités personnelles : Dieu ne se manifeste qu'à ceux/celles qui savent déchiffrer ses messages. En incipit du chapitre 21, Jane expose sa croyance en les pressentiments :

> PRESENTIMENTS are strange things! and so are sympathies; and so are signs; and the three combined make one mystery to which humanity had not yet found the key. I never laughed at presentiments in my life, because I have had strange ones of my own. Sympathies, I believe, exist (for instance between far-distant, long-absent, wholly estranged relatives asserting, notwithstanding their alienation, the unity of the source to which each traces his origin) whose workings baffle mortal comprehension. And signs, for aught we know, may be but the sympathies of Nature with man. (249, les majuscules sont de l'auteur)

Lorsque Jane entend la voix de Rochester qui l'appelle dans un moment de crise intense, il s'agit bien, même si Rochester n'est pas son parent, de cette sympathie ici définie.

La prudence, la sensibilité et l'instinct de l'héroïne sont autant d'atouts et d'alliés. Les pressentiments, au même titre que les rêves – sur lesquels nous reviendrons – jouent un rôle essentiel. La veille de leur mariage qui ne sera pas, le retard de Rochester conduit Jane à une crise d'hypocondrie : « "I wish he would come! I wish he would come!" I exclaimed with hypocondriac foreboding » (305). En sémioti-

1. C. Williams, *art. cit.*, p. 63.
2. *Ibid.*, p. 84.

cienne experte, Jane déchiffre les signes, externes ou internes, d'un monde qui se lit comme un texte. Le message de Rochester, que d'aucuns qualifieraient de télépathique, de télégramme divin, vient comme une réponse à la prière de Jane : « Show me, show me the path » (444). Elle s'adresse à Dieu, et c'est l'homme qui répond :

> This is an extraordinary trope of secularization. [...] The secularization turns on the substitution of a human for a divine respondent, and the internalization of the radical other (God) as Jane's "inner voice"[1].

« Gross superstition has been replaced by a belief in the supernatural, an invisible world and a kingdom of spirits[2] ». Le surnaturel s'en mêle pour que Jane ne succombe pas à une tentation « immorale ». Dans une certaine mesure, cette intervention respecte les conventions victoriennes. Si Jane entend le message à ce moment précis, c'est précisément parce que c'est le moment[3]. Dieu et la nature s'allient pour lui montrer la voie par la voix de Rochester. Le silence quasi surnaturel qui enveloppe Moorhouse, la bougie qui s'éteint et la lune qui brille, contribuent à éclairer Jane qui sort comme d'un rêve de la torpeur apathique où l'avait plongée le pouvoir hypnotique de St John. Le mystérieux appel extérieur est signe de sa propre disponibilité, et de son entière maîtrise de soi. À la réponse à sa prière, Jane répond : « I am coming! [...] Oh, I will come! » (445). Doit-on y entendre, comme d'autres critiques du XXe siècle l'expression d'une jouissance sexuelle, ou bien (et ce n'est pas si différent) un « remake » de *Romeo and Juliet* où ce serait là Juliet qui prierait Romeo de « venir » ?...

Ces signes, ces manifestations de la Providence, et de la nature – « the work of nature » (comme elle le dit, refusant l'idée de miracle) – sont autant d'avertissements à Jane, l'empêchant de se laisser pervertir ou corrompre, d'abord au nom d'un amour illégitime, puis au nom d'une religion sans amour. En tant que tels, ces signes peuvent se lire comme autant de rappels des conventions victoriennes et si Charlotte Brontë semble s'en éloigner, elle y revient par ce biais, tout en les dépassant. Le retour à Rochester de son plein gré, mais alors qu'aucun obstacle ne peut désormais empêcher leur union, transforme Jane elle-même en cadeau divin, providentiel. Jane devient la Providence de Rochester, réitérant et pérennisant la scène où elle l'avait sauvé du feu allumé par Bertha. Jane sauve la vie de Rochester, littéralement, puis méta-

1. *Ibid.*, p. 79.
2. Robert Bernard Martin, *Jane Eyre*, A Norton Critical Edition, London and New York, 1971, p. 487.
3. John P. Farrell, « A Message for Miss Eyre; or Jane in Wonderland », Cahiers Victoriens et Edouardiens, n°8, Avril 1979.

phoriquement, sauve ses cousins Rivers de la pauvreté en leur offrant une part de son héritage. À la fin du roman, Jane quitte l'habit de pauvresse pour endosser celui de bienfaitrice. Le conte de fées est devenu réalité, Cendrillon est devenue Princesse. Jane Eyre est parvenue, non sans mal, à ses fins. Comme nous l'avons déjà dit à propos de *The Professor*, Jane, pas plus (ou peut-être un peu ?) que Crimsworth, n'est sauvée uniquement par quelque tour magique du destin. Le roman n'est pas un conte de fées, même si certains épisodes y sont apparentés. Charlotte Brontë croit en l'individu, et prône le respect de soi et des valeurs morales : « *I* care for myself » (344 ; les italiques sont de l'auteur). Le chemin qui mène à soi mène aussi à Dieu (ou vice versa). La loi de Dieu est la loi de la morale.

Jane Eyre, roman didactique ?

« *Jane Eyre* thus offers a particularly noteworthy example of the importance of God-given moral law in the fiction of the Brontës[1]. »

Religion et morale sont étroitement liées. À cet égard, le roman respecte les credos victoriens : Charlotte Brontë punit les « méchants » et récompense les « bons » dans un schéma qui pourrait friser le manichéisme.

Les obstacles qui barrent le chemin de Jane et retardent son accomplissement disparaissent. Le premier se trouve en elle-même. À Gateshead Jane « voit rouge », se rebelle contre les Reed et est enfermée dans la chambre rouge où elle déclare être « *out* of herself », métaphore à prendre au pied de la lettre lorsqu'elle se regarde dans le miroir sans s'y reconnaître. Il faudra qu'elle apprenne, dans la douleur, à se réconcilier avec elle-même, pour atteindre l'harmonie et la fusion, le soi à soi et en soi. L'image de Jane en rebelle anticipe la femme folle dans le grenier. Jane pourrait être une Bertha en herbe, dont la passion doit être calmée. Il faut que Jane sorte de la prison dans laquelle la passion emprisonne le moi. Comme le grenier de Thornfield, la chambre rouge est un gardefolle, où la colère va retomber, épuisée et vaincue par la peur :

> [...] my courage sank. My habitual mood of humiliation, self-doubt, forlorn depression, fell damp on the embers of my decaying ire. All said I was wicked, and perhaps I might be so: what thought had I been but just conceiving of starving myself to death? That certainly was a crime: and was I fit to die? (48)

1. M. Thormählen, *op. cit.*, p. 80.

À Thornfield, Jane arpente le couloir du troisième étage, en proie à une agitation nerveuse – « discontent on the battlements » – mimétique des « gambols » de Bertha « at the mouth of Hell », errance de l'obsession monomaniaque : « When Bertha appears, it's almost as though Jane's urge to "fire" and "feeling" had congealed into living form[1] ». Rochester pourrait bien être à Bertha ce qu'était John Reed à Jane. Le face à face avec Bertha se traduit en ces termes : « Jane's own hunger, rebellion and rage[2] ». Bertha serait le double exacerbé de Jane, le thème du double ressortissant du gothique (que nous étudierons dans le deuxième chapitre), version extrême d'elle-même qu'elle devra, comme plus tôt Helen Burns, désavouer, l'une et l'autre étant in-vivables. Bertha est une morte vive, une morte au masque de vivante, figure défigurée que l'on ne doit pas montrer, monstre immontrable. Elle se présente à Jane indirectement, par le biais du miroir, image encore plus terrifiante que la sienne propre à Gateshead. Les crises de folie de Bertha, exacerbées par la présence de Jane dans la demeure, font écho aux crises de Jane à Gateshead et à Lowood. Bertha serait une résurgence adulte et enlaidie d'une Jane qui se croyait morte. La folie de Bertha, jamais expliquée (ou seulement un siècle plus tard – en 1966 – dans le *Wide Sargasso Sea* de Jean Rhys) serait-elle attribuable, comme le croyaient certains physiciens, au cycle menstruel ?

> Menstruation could drive some women *temporarily* beserk, destroying furniture, attacking family and strangers alike [...] Those unfortunate women, one doctor suggested, should, for their own good and that of society, be incarcerated for the length of their menstrual years[3]. (c'est moi qui souligne)

On est en droit de s'interroger sur la pertinence de l'adverbe « temporarily » ! Rochester prive Bertha de toute parole (ce n'est que dans *Wide Sargasso Sea* qu'elle a voix au chapitre, et même à plus d'un), comme St John, nous l'avons vu, prend la parole à Jane. Jamais le lecteur n'a accès direct aux pensées de Bertha (on pense donc qu'elle n'en a pas). « We only know that Rochester never loved: that he was "dazzled, stimulated"[4] ». Nous reviendrons sur ce point dans l'étude du féminisme. Rochester s'auto-justifie en enfermant Bertha, métaphoriquement cette fois, dans des rêts d'images thériomorphes : « clothed hyena », « carrion », etc. Jane elle-même contribue à la réification, à l'animalisation de Bertha :

1. K. Chase, *op. cit.*, p. 71.
2. S. Gilbert et S. Gubar, *The Mad Woman in the Attic*, New Haven University Press, New York, 1979, p. 360.
3. E. Showalter, *op. cit.*, p. 121.
4. Helen Small, *Love's Madness, Medicine, the Novel, and Female Insanity. 1800-1865*, Clarendon Press, Oxford, 1998, p. 166.

> What crime was this, that lived incarnate in this sequestered mansion, and could neither be expelled nor subdued by the owner? – What mystery, that broke out, now in fire and now in blood, at the deadest hours of night? (239)

Jane, laissée seule, s'interroge, pensant n'être séparée que par une porte de la meurtrière qui vient d'attaquer Mason, l'hôte de Rochester. Seules lui viennent des définitions par la négative ou des approximations lexicales :

« Not the wildest condor in the Andes » (235), « it grovelled, seemingly, on all fours » (321). Bertha Rochester n'est pas « au pays des merveilles » où les animaux sont doués de parole, mais au pays des hommes victoriens. La seule expression de Bertha passe par les cris, parole excessive et dés/ou in/articulée, sauvage, qui sèment la terreur dans la maison, dont elle bouleverse l'ordre soigneusement établi.

Lorsque Jane, en mariée, ne se reconnaît pas dans le miroir le matin du mariage qui ne sera pas, c'est parce qu'il n'y a pas adéquation entre l'image qu'elle a d'elle-même et celle que lui renvoie le miroir : Jane ne sera pas – ou pas encore – Mrs Rochester, parce que la « vraie » Mrs Rochester est toujours vivante et refuse l'usurpation : « I saw a robed and veiled figure, so unlike my usual self that it seemed almost the image of a stranger » (315) ; après le mariage manqué Jane n'est plus que « the visionary bride who had melted in air » (346). L'homophonie ne fait que souligner le destin de Jane qui devra rester « Eyre ». Quand, la veille du mariage, Bertha rend visite à Jane et s'empare du voile de mariée, qu'elle met sur sa tête avant de le déchirer en deux – symbole on ne peut plus clair du mariage manqué – elle prévient Jane de ce qui l'attend dans une scène où le gothique est habilement teinté de symbolisme. Bertha ose faire ce que Jane ne fait pas et qu'elle ne peut d'ailleurs que « singer » (« ape »). Le processus de réification qui précède le mariage et qu'elle dénonce, se décrivant, non sans humour, comme : « an ape in a harlequin's jacket » (288), menace une identité toujours en quête d'elle-même et qui l'emplit de doutes « Am I a monster? » (293). La contagion menace, n'épargnant pas non plus Rochester :

> The vocabulary he uses of Bertha attaches to himself (as it once did to Jane), even though he tries to find a separate diction for their cases: he too was "gross" and "grovelling", when he married her for no better reason than sensual appetite; he too can "snarl", raise his eyebrows wildly, grind his teeth, seize Jane's arm in a painful grasp, and seem to devour her with his "flaming glance". In a sudden access of Bertha's animalism,

> he even fears that Jane will now recoil from his touch "as if I were some toad or *ape*"[1].

La menace du feu est toujours là : « To live, for me, Jane, is to stand on a cratercrust which may crack and spue fire any day » (245) (Rochester ne croit pas si bien dire !), mais aussi la menace de la contagion : « and dangerous he looked. His black eyes darted sparks » (236). Rochester sera puni par où il a péché. C'est son regard ténébreux – héritage romantique – qui fascine Jane :

> I looked, and had an acute pleasure in looking - a precious yet poignant pleasure; pure gold with a steely point of agony: a pleasure like what the thirst-perishing man might feel who knows the well to which he has crept is poisoned, yet stoops and drinks divine draughts nevertheless. [...] he made me love him without looking at me. (203)

Comme chez Musset, qui, dans *Les Confessions d'un enfant du siècle*, parle de la *voluptas dolendi*, l'amour ne va pas sans la souffrance, illustrant le sémantisme double de « passion ». C'est dans la scène du jardin que le sentiment est à son comble. Jane se promène, seule, goûtant les plaisirs d'une Nature abondante – aux échos keatsiens – en poète ou en peintre :

> Where the sun had gone down in simple state - pure of the pomp of clouds - spread a solemm purple, burning with the light of red jewel and furnace flame at one point, on one hill-peak, and extending high and wide, soft and still softer, over half heaven. The east had its own charm of fine, deep blue, and its own modest gem, a rising and solitary star: soon it would boast the moon; but she was yet beneath the horizon. (276)

L'œil est aussi celui d'une paysanne, sensible, comme Rochester, aux travaux des champs : « The hay was all got in; the field round Thornfield were green and shorn [...] » (276).

Le jardin de Thornfield est un autre Eden, mais comme chez Milton, l'innocence court à sa perte. Au début de la scène, Jane est suspendue dans un état d'achronie ou d'anesthésie mentale dont va l'extraire l'arrivée de Rochester, annoncé, métonymiquement, par l'odeur de son cigare. Tous les sens sont sollicités dans cette scène dangereusement érotique. Tout est porté à une intensité incandescente, traduite par le chapelet d'allitérations en S sur lequel s'ouvre le chapitre : « A splendid Midsummer shone over England: skies so pure, suns so radiant as were seen in long succession, seldom flavour, even singly, our wave-

1. *Ibid.*, p. 175.

girt land » (276). La présence intrusive de Rochester, qui partage avec Jane le goût pour la nature – « eventide is as pleasant to him as to me, and this antique garden as attractive [...] » (277) – vient rompre la stase, réintroduisant la dimension temporelle, par l'irruption du présent dans le texte : « I look round and listen » (277). Jane est tiraillée entre le « plaisir des sens » et l'interdiction d'une morale victorienne qu'elle a faite sienne. Elle sort de son anesthésie mentale, la conscience en éveil, tentant, selon sa stratégie habituelle, de demeurer invisible, de voir sans être vue : « I step into the ivy recess » (277). Comme John Reed à Gateshead, mais moins brutalement, Rochester la contraint à sortir de son abri, recourant à l'impératif du maître : « Jane, come and look at this fellow » (277). Le reste de la scène s'inscrit sous le signe de la réflexion et de la conceptualisation : on passe de « I felt » à « I thought ». Ce n'est plus Jane, l'héroïne, qui parle, mais bien la narratrice, qui explique les faiblesses de la première, comme pour mieux les excuser. La moralité victorienne est en alerte, craignant le contact avec le mal : « the evil – if evil existent or prospective there was » (278). En dépit de ses efforts, pour y échapper, Jane est condamnée à la rencontre : « sunset is at meeting with moonrise » (277) dit Rochester dans une métaphore trop éloquente pour être innocente. Jane n'échappera pas à l'envoûtement du jardin.

Contrairement à Emily, Charlotte Brontë dénonce les excès de la passion, qui portent Rochester à la satisfaction immédiate de ses désirs dans un mépris de la morale et de la religion que ne saurait cautionner Jane. Au lendemain d'un mariage qui ne se fait pas parce qu'il n'aurait jamais dû se faire et auquel même la nature s'oppose en détruisant, la veille, le vieux chêne de Thornfield, Rochester relate à Jane ses années de « débauche », faisant suite à l'incarcération de Bertha, reconnue folle, dans le grenier de Thornfield :

> The first I chose was Céline Varens – another of those steps which make a man spurn himself when he recalls them. You already know *what* she was and how my liaison with her terminated. She had two successors: an Italian, Giacinta, and a German, Clara; both considered singularly handsome. What was their beauty to me in a few weeks? Giacinta was unprincipled and violent: I tired of her in three months. Clara was honest and quiet; but heavy, mindless, and unimpressible: not one whit to my taste. [...] Hiring a mistress is the next worse thing to buying a *slave*: both are often by nature, and always by position, inferior: and to live familiarly with inferiors is degrading. (338-339 ; mes italiques)

Un discours peu fait pour s'attirer les bonnes grâces de la critique féministe et post-coloniale (les deux étant liées dans ce cas), et sur lequel nous reviendrons dans le troisième chapitre.

Avec Jane, plus « à son goût », Rochester est allé plus loin en lui offrant un mariage condamnable par la loi, mais qui serait son Paradis, après des années d'Enfer : « This life [...] is hell: this is the air – those are the sounds of the bottomless pit! I have a right to deliver myself from it if I can » (335).

Rochester distingue la loi humaine de la législation, justifiant sa décision par la trahison dont il a été victime en épousant Bertha Rochester :

> My bride's mother I had never seen: I understood she was dead. The honeymoon over, I learned my mistake; she was only mad, and shut up in a lunatic asylum. There was a younger brother, too - a complete dumb idiot. [...] My father and my brother Rowland knew all this; but they thought only of the thirty thousand pounds, and joined in the plot against me. (333)

Rochester considère qu'il a droit au bonheur, dût-il passer par un autre complot dont il est, cette fois, l'auteur : « Bigamy is an ugly word! – I meant, however, to be a bigamist; but fate has outmanœuvred me, or Providence has checked me – » (319). Si le mariage ne peut légalement avoir lieu, Rochester offre à Jane le statut – de son propre aveu, peu enviable – de maîtresse, refusant de perdre celle par qui le bonheur arrive : « You are my sympathy – my better self – my good *angel* » (342 ; mes italiques), l'antithèse de Bertha, le « demon », « the antipodes of the Creole » (338). Le choix de Jane, sur lequel nous reviendrons plus en détail, est dicté par la raison et le respect de la morale et de la religion, mais fait taire le désir individuel. La loi l'emporte, renfort, ici, d'un respect de soi que Jane brandit comme raison essentielle à son départ – « *I* care for myself » (344) – laissant Rochester à sa cohabitation avec la folie.

Le personnage de Bertha Rochester est une incarnation caricaturale du désir débridé : « My own demon let loose » dit Victor Frankenstein à propos du Monstre qu'il a fabriqué. Dans sa narration à Jane, Rochester fait de Bertha une créature de l'Enfer vivant au Paradis torride des Antilles :

> One night I had been awakened by her yells - (since the medical men had pronounced her mad, she had, of course, been shut up) - it was a *fiery* West Indian night; one of the description that frequently precede the hurricanes of those climates. [...] The air was like *sulphur-streams* [...]; the sea, which I could hear from thence, rumbled dull like an *earthquake* - *black*

> clouds were casting up over it; the moon was setting in the waves, broad and *red*, like a *hot* cannon-ball - she threw her last *bloody* glance over a world quivering with the ferment of *tempest*. I was physically influenced by the atmosphere and scene, and my ears were filled with the curses the *maniac* still shrieked out: wherein she momentarily mingled my name with such a tone of *demon-hate*, with such language! - no professed harlot ever had a fouler vocabulary than she: though two rooms off, I heard every word. (335 ; mes italiques)

Bertha doit disparaître, parce que le désir féminin n'a pas de place dans la société victorienne. En grossissant le trait, Rochester justifie sa décision d'enfermer sa femme, dont la folie/hystérie menace un ordre soigneusement établi. Le personnage de Bertha préfigure celui de Lucy dans le *Dracula* de Bram Stoker, paru à la fin du siècle, d'autant que Bertha s'adonne au vampirisme sur la personne de son frère Mason : « She sucked the blood: she said she'd drain my heart [...] » (242), seule parole indirecte transmise par la victime, et dont le contenu ne fait que souligner la sauvagerie de l'émetteur, le replongeant dans son statut in/ ou an/humain au moment même où il paraît s'en sortir. Loin, donc, de l'extraire de sa folie, sa parole, au contraire, l'y replonge. La mort de Bertha par le feu est actualisation des métaphores dont est saturé le roman. La folle s'immole, telle une sorcière sur son bûcher, ou encore le Monstre de *Frankenstein,* qui annonce à Walton sa mort prochaine sur son « funeral pile ».

> And then they called out to him that she was on the roof, where she was standing, waving her arms above the battlements, and shouting out till they could hear her a mile off [...] She was a big woman, and had long black hair: we could see it streaming against the flames as she stood. [...] she yelled and gave a spring, and the next minute, she lay smashed on the pavement. (453)

L'obstacle s'écrase, littéralement, laissant enfin la place à Jane. L'excès ne peut vivre.

À l'autre extrémité du « spectre », le premier modèle de Jane est Helen Burns. Tandis que Bertha est le démon de Jane (le « half-imp » entrevu dans le miroir de Gateshead) Helen figure l'autre moitié : « half-fairy ». Et Jane n'est ni ange (comme elle l'affirme à Rochester) ni démon. Ces « alternative versions of the self » ne sont que des doubles temporaires que Jane devra prendre en compte avant de les désavouer. La sainteté d'Helen est une perspective qu'il faut envisager mais qu'il serait dangereux de prendre au pied de la lettre. Helen ouvre les yeux de Jane sur l'importance de la religion qui entre désormais dans sa vie et lui dicte sa conduite. Mais Jane adapte les leçons d'Helen, « prosaïse » l'idéal qu'elle propose. La mort d'Helen apparaît comme la récompense à laquelle elle aspire, l'assurance d'un Paradis enfin trouvé, loin des Miss Scatcherd (au nom onomatopéïque) et de leur tyrannie :

> When I returned to my seat, that lady was just delivering an order, of which I didn't catch the import; but Burns immediately left the class, and [...] returned in half a minute, carrying in her hand a bundle of twigs tied together at one end. This ominous tool she presented to Miss Scatcherd with a respectful curtsey; then she quietly and without being told, unloosened her pinafore, and the teacher instantly and sharply inflicted on her neck a dozen strokes with the bunch of twigs. Not a tear rose to Burns's eye. (86)

Helen est trop bonne pour une vie terrestre, qui ne lui va pas. À l'amour humain, imparfait, dont Jane a soif, elle oppose l'amour divin qui ne la décevra pas. La veille de sa mort, elle s'exclame, dans les bras d'une Jane qui a peine à la croire : « How comfortable I am! » (113).

Helen Burns anticipe le personnage de St John Rivers, ne serait-ce que par le sémantisme commun de leur nom (« Burns » signifie aussi, nous l'avons dit, ruisseau en écossais). Si Rochester incarne la passion, et lui obéit, St John est à l'autre extrémité, qui réprime tout désir humain pour se mettre au service de Dieu :

> It is strange, pursued he, that while I love Rosamund Oliver so wildly - with all the intensity, indeed, of a first passion, the object of which is exquisitely beautiful, graceful, and fascinating, - I experience at the same time a calm, unwarped consciousness that she would not make me a good wife; that she is not the partner suited to me; that I should discover this within a year after the marriage; and that to twelve months' rapture would succeed a lifetime of regret. (399)

Si Rivers, de par son nom d'abord, puis par les métaphores qui lui sont associées, est du côté de l'eau – « the torrent of his will » (443) –, le feu est là aussi, témoin d'une passion dominée : « the fever in his vitals » (383). St John est une figure hubristique et oxymorique :

> The combination of his burning with his ruthless bullying, the images of light that surround him and his striking physical beauty recall the leader of the angels who fell by the sin of ambition: is St John, the man with the name of an angel and the face of a pagan god, some kind of Lucifer[1]?

1. M. Thormählen, *op. cit.*, p. 209.

Il satisfait son ambition dans la religion, même si le voyage en Inde apparaît comme une mission humanitaire. La mort est aussi la récompense de celui que Dieu appelle, parce qu'il l'a reconnu.

Si elle est récompense pour Helen Burns et St John, la mort est châtiment dans le cas des Reed, fils et mère. Le mari de Bessie, venu annoncer à Jane la mort de son cousin, déclare à propos de John Reed :

> He could not do worse: he ruined his health and his estate amongst the worst men and the worst women. He got into debt and into jail: his mother helped him out twice, but as soon as he was free he returned to his old companions and habits [...] they say he killed himself. (250)

John Reed, aussi peu séduisant au physique qu'au moral, (« a dingy and unwholesome skin [...] a dim and bleared eye » (41)) est puni par où il a péché, sombrant dans l'alcoolisme et les dettes et hâtant la mort de sa mère, qui ne mérite pas mieux.

La confession de Mrs Reed à Jane sur son lit de mort n'a pour but que de soulager sa conscience. La haine portée à l'intruse – qu'elle rend d'ailleurs responsable de ses propres péchés – n'a en rien diminué :

> The well-known face was there: stern, relentless as ever - there was that particular eye which nothing could melt, and the somewhat raised, imperious, despotic eyebrow [...] how the recollection of childhood's terrors and sorrows revived as I traced its harsh line now! [...] her feeling towards me was unchanged and unchangeable [...]. (259)

Et Mrs Reed de confirmer les impressions de Jane :

> I declare she once talked to me like something mad, or like a fiend - no child ever spoke or looked as she did [...] You were born, I think, to be my torment: my last hour is racked by the recollection of a deed which, but for you, I should never have been tempted to commit. (260, 267)

Jane n'obtient pas son pardon – « dying she must hate me still » (268) – mais n'en a plus que faire. Mrs Reed meurt et personne ne la regrette : « Neither of us had dropped a tear » (268). La dureté aussi – « her eye of flint was covered with its cold lid » (268) – est contagieuse...

Le dernier – last but not least – obstacle, Bertha Rochester, périt, nous l'avons vu, dans les flammes, entraînant Rochester dans sa chute. La perte d'un œil et de l'usage d'un bras condamne Rochester, avant que Jane ne revienne à lui, à une vie qui ressemble à la mort. À Ferndean, Rochester est comme un lion en cage – « a fettered wild beast or bird » (456) – « the mad man in his cage ». Rochester est châtié pour son « crime », mais le châtiment est temporaire, d'autant qu'il se rachète par son repentir. Il recouvre en partie l'usage de son œil à la fin du roman, ce qui lui permet de voir son premier né. Dieu, qu'il remercie « had tempered judgement with mercy » (477). Comme la narratrice elle-même...

Le didactisme de Charlotte Brontë est plus souvent indirect, véhiculé par une imagerie sophistiquée plus efficace que ne le seraient de lourdes déclarations. Je me suis déjà attardée sur les images récurrentes du feu, tant littéral que métaphorique. Dans un article très complet, que j'ai plusieurs fois cité, Bernadette Bertrandias analyse les métaphores de l'eau et du feu dans tous les romans de Charlotte. Gaskell, sa première biographe, insiste, dit-elle, sur la fascination de Charlotte pour la mer :

> As soon as they were near enough for Charlotte to see it in its expanse, she was quite overpowered, she could not speak till she had shed some tears – she sighed to her friend to leave her and walk on; this she did for a few steps, knowing full well what Charlotte was passing through and the stern efforts she was making to subdue her emotions [...] her eyes were red and swollen, she was quite trembling, but submitted to be led onwards[1].

Jane Eyre s'ouvre, ou presque, sur l'enfant plongée dans la lecture des *Bewick Birds*, où les paysages désolés et hivernaux « landscapes » sont en parfaite osmose avec le paysage mental de Jane, « soulscape » :

> Nor could I pass unnoticed the suggestion of the bleak shores of Lapland, Siberia [...] with "the vast sweep of the Arctic zone, and those forlorn regions of dreary space – that reservoir of frost and snow, where firm fields of ice, the accumulation of centuries of winters, glazed in the Alpine heights above heights, surround the pole, and concentre the multiplied rigours of extreme cold". Of these death-white realms I formed an idea of my own. (40)

L'idée ainsi formée prendra forme sur le papier à dessin des aquarelles que Jane peindra à Lowood, et sur lesquelles nous reviendrons dans la troisième partie. Après la cérémonie catastrophe, Jane a recours à l'éloquente métaphore du gel : « A Christmas frost had come at midsummer » (323). Envolé, le songe d'une nuit d'été...

> L'hiver exerce sur l'imagination de Charlotte un véritable sortilège. Le gel, la neige, sont souvent l'atmosphère même du récit, une atmosphère si envahissante qu'elle pénètre jusqu'au cœur des personnages[2].

1. Ellen Nussey, *Reminiscences*, Easton, September, 1839, in B. Bertrandias, *art. cit.*, p. 32.
2. B. Bertrandias, « Les Images de L'Eau et du Feu... », *art. cit.*, p. 30.

Le nom même de Lucy Snowe, l'héroïne de *Villette*, en est le témoignage, Snowe étant une édulcoration par rapport au choix initial de Frost, auquel Charlotte avait d'abord songé pour son héroïne. On retrouve le gel ou la glace lorsque Jane rencontre Rochester pour la première fois, et dans le personnage de St John Rivers, à la fois de marbre et de glace : « St John Rivers [...] came in out of the frozen hurricane [...] the cloak that covered his tall figure all white as a glacier » (403). C'est cette eau gelée qu'il faut fuir, sous peine de s'y faire piéger. St John est aussi ce torrent, – eau fluide, mais violente – dont la volonté menace d'engloutir une Jane aussi impuissante que devant le feu de Rochester. Si l'eau est l'antidote du feu – il est significatif que Jane rêve de mer après les attaques de pyromanie de Bertha – la glace, dans sa dureté, en est une forme extrême. Le message passe aussi par les images : il faudra que Jane compose avec l'eau et le feu, tempérant l'un par l'autre. Non seulement l'eau gelée est-elle menace, mais aussi l'eau déchaînée, autre extrême, symbole du danger des passions :

> Till morning dawned I was tossed on a buoyant but unquiet sea, where billows of trouble rolled under surges of joy. I thought sometimes I saw beyond its wild waters a shore, sweet as the hills of Beulah; and now and then a freshening gale. (182)

Le rêve de Jane est aussi préfiguré dans les aquarelles qu'elle montre à Rochester, et qui peuvent se lire comme un résumé de son destin. Les rêves prémonitoires s'inscrivent dans les phénomènes parapsychologiques dont parle Jane en incipit du chapitre 21. Ces rêves/ cauchemars sont révélateurs d'une angoisse croissante à l'approche du mariage. Jane est consciente du secret de Thornfield, sans toutefois pouvoir l'identifier, (en témoignent ses approximations lexicales à l'endroit de Bertha Rochester) puisque Rochester fait tout pour le lui cacher. Le chapitre 18 représente de façon caricaturale la dissimulation à laquelle se livre Rochester. À ses invités, Rochester propose d'abord un jeu de charades, avant de jouer au Sultan, dont le harem est réduit à la seule Miss Ingram :

> Seated on the carpet [...] was seen Mr Rochester, costumed in shawls, with a turban on his head. His dark eyes and swarthy skin and Paynim features suited the costume exactly: he looked the very model of an Eastern emir, an agent or a victim of the bowstring. Presently advanced into view Miss Ingram. She, too, was attired in oriental fashion: a crimson scarf tied sash-like round the waist: an embroidered handkerchief knotted about her temples: her beautifully-moulded arms bare [...] Both her cast of form and feature, her complexion and her

general air, suggested the idea of some Israelitish princess of the patriarchal days. (213)

Le masque de Rochester est révélateur : il lève le voile sur le vrai et le faux. La narration faite à Jane de la vie qu'il a menée souligne assez son goût pour la domination des femmes. Au chapitre 19, déguisé en bohémienne, Rochester se fait diseuse de bonne aventure, figure « hors code et hors genre », qui brouille les pistes, comme le dit Bernadette Bertrandias et qui, sur un mode ludique, expose son goût du secret. Les métaphores du masque, du théâtre et de la scène courent tout au long du roman, appuyées en début de chapitre. « A NEW chapter in a novel is something like a new scene in a play » (125 ; les majuscules sont de l'auteur), déclare Jane à son arrivée à Thornfield. La métaphore théâtrale est filée dans ce troisième acte, venant conforter l'idée de leurre et de travestissement. Lorsque les cris sauvages de Bertha alertent la maisonnée entière, Rochester tente de les calmer par un humour révélateur qui inscrit la métaphore théâtrale directement dans le texte : « It's a mere rehearsal of "Much Ado about Nothing" » (236) et renvoie Bertha – la citation peut être prise au pied de la lettre – à son néant identitaire (« Nothing »). Avec le personnage de Bertha, Charlotte Brontë nous plonge dans le gothique, même si on est loin, histoire oblige, du gothique des pionniers du genre. Dans son ouvrage sur *Wide Sargasso Sea*, Sylvie Maurel analyse en ces termes l'usage et le fonctionnement gothiques du Ur-text : « it redirects attention towards a psychological reading of the uncanny[1] ». En témoignent d'ailleurs des scènes que le symbolisme, ou l'allégorie, – « Brontë calls for an allegorical reading of the Gothic[2] » – viennent habilement modifier. Par exemple lorsque la veille du mariage Bertha déchire en deux le voile de mariée, ou encore lorsque, à la suite de ce mariage-désastre, Rochester la « présente » aux « invités », (avertis par Grace Poole que sa folie n'est pas sans raison et que mieux vaut se prémunir) : « she's so cunning : it is not in mortal discretion to fathom her craft » (321). L'« hommage » est ambigu, puisque Rochester place une fois de plus Bertha dans un ailleurs de l'humain – « no mortal » – qu'il faut tenir à l'écart, dans ce grenier isolé du reste de la demeure.

1. Sylvie Maurel, *Wide Sargasso Sea*, Women Writers, Macmillan, 1998, p. 149.
2. *Ibid.*

Le « Nouveau Gothique » de Charlotte Brontë

Nous l'avons vu, la chambre rouge est un espace clos et claustral dont le rouge hypnotique induit la terreur. Les noms des demeures sont autant de symboles jalonnant la narration, ou d'arrêts sur le chemin de croix du pèlerin. Gateshead a souvent été parodié en Gateshell, un Enfer dont Jane s'échappe pour tomber dans un autre, régi par l'abominable Brocklehurst, figure de contes de fées ou de sorcières. L'isomorphisme entre personnages et habitations est un héritage direct du gothique. Le Montoni des *Mysteries of Udolpho* est sa demeure, autant que Heathcliff est Wuthering Heights ou la demeure de Malevola (dans *Villette*) aussi menaçante que sa bien nommée propriétaire. De même, Rochester est Thornfield, champ d'épines dont Jane ne sort pas sans égratignures. La description de la demeure emprunte largement au gothique ses ingrédients les plus saillants : « battlements round the top gave it a picturesque look » (130-131). Le cadre est à la mesure du maître de maison, lui-même « remake », variante de Barbe Bleue :

> I lingered in the long passage to which this led, separating the front and back rooms of the third story - narrow, low, and dim, with only one little window at the far end, and looking with its two rows of small back doors all shut, like a corridor in some Bluebeard's castle. (138)

Il sied aussi à l'épouse qu'il cache aux yeux du monde et aux siens propres, croyant, ou faisant mine de croire (si l'on file la métaphore théâtrale du leurre et du « comme si ») au pouvoir performatif de la négation. Le grenier est le point focal de la demeure d'où viennent d'étranges bruits, des rires, que Jane ne parvient ni à qualifier ni encore moins à définir, sauf, peut-être, par la négation, par défaut : « not the wildest Condor on the Andes... » (235). L'architecture gothique, inspirée de Norton Conyers, près de Ripon (que Charlotte Brontë avait visitée et où la rumeur voulait qu'une femme folle soit enfermée) et pressentie dans les *Juvenilia*, invite au mystère : « a wide vault lighted by a lamp which cast a death-like, melancholy lustre over a part of the dungeon, leaving the vault in the gloomy darkness of night[1] ». « Le mystère se situe en haut de la demeure, point focal et culminant [...] La topographie verticale et l'éloignement devraient garantir la réussite de l'entreprise[2] ». Le lieu entier est isolé : « lonely hills enough, and seeming to embrace Thornfield with a seclusion I had not expected to find existent so near the stirring locality of Millcote » (131), et le grenier est scindé du reste de la demeure. La maison sombre, – « bleak house » – contraste avec les alentours, offerts, ouverts, visibles et déchiffrables à vue d'œil : « Jane's impression of the house as a Bluebeard's castle with gothic trimmings, intensified on the night before her wedding [...] is held in tension with her view of the house and its grounds as an Eden[3] ». Les métaphores spatiales s'affrontent dans une dichotomie intérieur/extérieur. Le grenier, situé en haut de la demeure, est écho topique de la chambre rouge, autre lieu maudit, interdit, dangereux, « châsse de la mémoire » (« shrine of memory ») où peuvent périr ceux, et surtout celles, qui ont osé défier la norme et l'autorité patriarcales. Le grenier de Thornfield est une cage à folle (d'où s'élancera d'ailleurs la folle à la fin du roman). Comme la chambre rouge, quand en termes freudiens ces choses-là sont dites, il est le siège des instincts débridés qui menacent l'ordre établi. Thornfield est construite sur cette structure freudienne, le moi régnant en bas de la demeure et le ça en haut. Seule, sa destruction radicale permettra la restauration d'un ordre d'ailleurs peut-être jamais instauré. L'intérieur même de la demeure obéit aussi à un schéma gothique qu'analyse Karen Chase. Jane, dit-elle, non sans humour, doit se livrer à de véritables contortions architecturales pour tenter de rester, comme de coutume, inaperçue : « And issuing from my asylum with precaution, I sought a backstairs which conducted directly to the kitchen » (196). Chase insiste sur l'aspect très spatialisé du roman, ce qui vient confirmer l'héritage gothique. Si la chambre rouge de Gateshead et le grenier se font écho, c'est aussi par leur chromatisme où le rouge prévaut, contrastant avec le blanc :

> A bed supported on massive pillars of mahogany, hung with curtains of deep red damask [...] the carpet was red; the table at the foot of the bed was covered with a crimson cloth; the walls were a soft fawn colour, with a blush of pink in it; the wardrobe, the toilet-table, the chairs, were of darkly polished old mahogany. (45)

1. Fanny Ratchford, *The Brontës' Web of Childhood,* Columbia UP, New York, 1941, p. 9.
2. Claire Bazin, « Thornfield ou la maison stratifiée », Tropismes, Paris X, Nanterre, 1995, p. 38.
3. Michael Wheeler, *The Art of Allusion in Victorian Fiction,* The Macmillan Press, 1979, p. 35.

Chase attire l'attention sur ce bi-chromatisme duel, que souligne Brontë elle-même, comme pour inviter, voire contraindre, le lecteur à ne pas en manquer le symbolisme :

> [...] snowy mouldings of white grapes and vine leaves, beneath which glowed in rich contrast crimson couches and ottomans: while the ornaments on the pale Palian mantelpiece were of sparkling Bohemian glass, ruby red; and between the windows large mirrors repeated the general blending of snow and fire. (135)

La galerie de Thornfield est flanquée d'une série de chambres que Poe (je fais allusion à « The Masque of the Red Death ») n'aurait pas reniées : « Dans *Jane Eyre,* se creuse un réseau de chambres dangereuses qui abritent chacune un fragment de souvenir morcelé et dont la somme permettra en dernière instance de déchiffrer l'énigme[1] ». Thornfield et la chambre rouge sont les chambres communicantes de la mémoire. Après le mariage manqué, Rochester se voit contraint de lever le voile ou de soulever le rideau (encore une fois, la métaphore théâtrale est filée, surtout dans l'épisode de Thornfield) menant Jane et le reste du cortège dans l'antre de Bertha.

> In *Jane Eyre*, we can reach Bertha only by passing "a dark, low corridor", into "a tapestried room"; behind one of the tapestries stands a second door leading to an "inner apartment", "a room without a window"[2].

Une chambre sans vue, une porte, peuvent en cacher une autre, avant d'ouvrir sur la tanière du monstre, Enfer reconnu et déclaré : « this young girl, who stands so grave and quiet at the mouth of hell, looking collectedly at the gambols of a demon » (322).

Lorsque Jane décide de quitter Rochester en dépit de l'insistance de ce dernier, il déclare son intention de sceller la demeure, preuve, si besoin en était, qu'il veut faire de Bertha la morte qu'elle n'est pas encore, apposant des scellés aux portes, emmurant Bertha avec sa gardienne, comme le fait le narrateur, qui emmure le chat vivant dans le conte de Poe : « But I'll shut up Thornfield Hall: I'll nail up the front door, and board the lower windows: I'll give Mrs Poole two hundred a year to live here with *my wife*, as you term that fearful hag » (328 ; les italiques sont de l'auteur). Le but prétendument altruiste de Rochester, soucieux d'éviter une dangereuse contagion, n'est pas sans ressemblance avec la volonté de Victor Frankenstein de se débarrasser de

1. Françoise Defromont, « Mémoires hantées de *Jane Eyre* à *Wide Sargasso* Sea », Cahiers Edwardiens et Victoriens, n°27, 1988, p. 154.
2. Karen Chase, *op. cit.*, p. 61.

son monstre qu'il a pourtant lui-même créé. Mais la folie a ses raisons... et Bertha contourne l'interdit en mettant une fois de plus le feu aux poudres et à la demeure, réussissant enfin un coup plusieurs fois tenté, transformant l'essai, ou, pour poursuivre la métaphore, donnant la représentation d'une pièce jusque-là seulement répétée. Bertha périt dans l'incendie suicidaire. La femme « vampiromane » n'a pas sa place dans un univers victorien que l'a-normalité secoue et qui la châtie de sa témérité. Le péché de Bertha, et le mot est abus de langage, est sa folie : « bad is mad » comme dirait Foucault, en français, mais la rime est meilleure en anglais. La maladie, physique ou mentale, est péché, comme le dit, un siècle plus tard l'écrivain néo-zélandais Janet Frame, qui a payé cher sa « différence » : « the idea still prevailed that mental illness was a form of childish naughtiness[1] ». Dans la narration que fait l'aubergiste à Jane, revenue sur les lieux (du crime), Thornfield s'est, dit-il, abattue comme un château de cartes, mais cette « chute de la maison Thornfield », véritable table rase, permet une renaissance. Si Rochester sort partiellement mutilé de l'incendie dont il a tenté de sauver sa femme pourtant haïe, le châtiment s'avérera rédempteur. Dans son écroulement, Thornfield a livré son secret pour aussitôt le détruire. Mais « par la négation, l'ordre se réaffirme[2] ».

Au feu de Thornfield s'oppose le froid (sous forme d'images d'eau gelée) de Moorhouse, une demeure aussi peu gothique que son maître, St John Rivers, au nom prédestiné. Si Rochester évoque le Dieu Vulcain, St John est, lui, du côté d'Apollon :

> Mr St John – sitting as still as one of the study pictures on the page he perused, and his lips mutely sealed – was easy enough to examine. Had he been a statue instead of a man, he could not have been easier. He was young – perhaps from twenty-eight to thirty – tall, slender; his face riveted the eye; it was like a Greek face, very pure in outline: quite a straight, classic nose; quite an Athenian mouth and chin. It is seldom, indeed, an English face comes so close near the antique models as did his [...] his high forehead, colourless as ivory... (371)

Sous la férule de St John, le lieu, si peu gothique, devient pourtant synonyme de torture : « refined, lingering torture » (436) dit Jane, dont l'accusation va crescendo : « you are killing me now » (438). St John est un tyran aussi exigeant et beaucoup plus redoutable que Rochester. Si la maison n'entre pas dans le moule gothique, si St John n'a aucun des caractères physiques qui font les héros gothiques, sa tyrannie l'en

1. Janet Frame, *Faces in the Water*, The Women's Press, London, 1980 (1961), p. 238.
2. Paul Ricœur, *Finitude et Culpabilité, La Symbolique du Mal, II,* Aubier Montaigne, Paris, 1960, p. 173.

rapproche, faisant de Jane une victime. Sa propre sœur ne va-t-elle pas jusqu'à pousser Jane à la résistance pour éviter de se laisser engloutir par le torrent de sa volonté ? L'eau, dit Bachelard, est une directe invitation à mourir. Et si Rochester a transgressé (ou tenté de transgresser) la loi divine, frôlant la bigamie, St John, lui, transgresse la loi de la nature. Sa foi est subordonnée à une ambition démesurée, à *l'hubris* qui conduit les héros des tragédies à leur perte : « Rivers is distraught by a profound inner turmoil of conflicting drives[1] ». Car Rivers est aussi le feu (« the fever in his vitals »), témoin d'une énergie sans relâche qui le mènera en Inde, où il aurait voulu entraîner Jane. Rivers est pris dans un réseau d'images verticales qui le rapprochent de Brocklehurst : mentor, père, maître auquel Jane a du mal à désobéir lorsqu'il lui présente le mariage et l'exil comme autant d'ordres divins, remparts contre les assauts d'une passion qu'elle vient de fuir. Pour échapper aux flammes de la passion, Jane risque de se noyer dans le torrent de la Rivière. St John est à Jane l'antidote qu'elle-même est à Rochester. Pour lui, le sacrifice de soi passe par celui d'autrui et autrui ne compte pas : « If I go to India (lui dit Jane) I go to premature death » (430). Ses tortures morales déclenchent un processus anxiogène voisin des cauchemars de Thornfield :

> It kept up a slow fire of indignation and a trembling trouble of grief, which harassed and crushed me altogether. I felt how, if I were his wife, this good man, pure as the deep sunless source, could soon kill me, without drawing from my veins a single drop of blood, or receiving on his own crystal conscience the faintest stain of crime. (436)

Le feu est du côté de Jane, même s'il n'est plus très vigoureux, alors que St John est toujours cette eau mortifère, solidifiée en cristal. Son érotisme sublimé se mue en sadisme, « succédané pervers de l'Éros[2] ». St John n'a aucun doute sur le bien-fondé d'une mission qu'il s'est assigné mais pour laquelle il a besoin d'une femme, d'une épouse, qui donnerait à sa mission le sceau de la respectabilité :

> How can I, a man not yet thirty, take out with me to India a girl of nineteen, unless she be married to me? How can we be forever together – sometimes in solitude, sometimes amidst savage tribes – and unwed? (433)

Jane est sauvée par la voix de Rochester qui trois fois prononce son nom au moment où un silence quasi surnaturel enveloppe la maison,

1. Robert Chase, *Jane Eyre*, A Norton Critical Edition, London, 1971 p. 461.
2. Jean-Pierre Petit, *L'œuvre d'Emily Brontë, La Vision et les Thèmes,* l'Hermès, Lyon, 1979, p. 67.

l'unique bougie s'éteint et la lune brille dans la nuit, contribuant à éclairer Jane qui émerge enfin de la torpeur apathico-hypnotique dans laquelle l'avait plongée le pouvoir de St John. Jane sort d'un rêve/cauchemar, prête à entendre cette voix qu'effectivement elle entend. Le mystérieux appel que maints critiques ont dénoncé comme l'intervention d'un deus (ou dea ?) ex machina trop peu subtile est peut-être simplement le signe de la disponibilité de Jane et d'une possible union. Ce « télégramme divin » coïncide avec une reprise en main de soi, de Jane, sémioticienne et interprète du message que ses sens réveillés sont alors à même de déchiffrer. L'appel mystérieux est la manifestation extérieure de cette disponibilité intérieure, écho de la décision de Jane de répondre par une promptitude à laquelle il ne manque que la parole, comme si la parole était « de trop ». Le « J'arrive » se devine.

Ferndean est une autre demeure gothique :

> The manor of Ferndean was a building of considerable antiquity, moderate size, and no architectural pretensions, deep buried in a wood [...] He would have let the house, but could find no tenant, in consequence of its ineligible and insalubrious site [...] so dark and green were its decaying walls. [...] There were no flowers, no garden-beds; only a broad gravel walk girdling a grass plot, and this set in the heavy frame of the forest. The house presented two pointed gables in its front; the windows were latticed and narrow, the front door was narrow too, one step led up to it. (455)

Si à Ferndean, calme et sérénité prévalent, on peut s'étonner, comme le font les critiques féministes, que Rochester n'ait rien de mieux à offrir à Jane. L'enchevêtrement végétal est en harmonie avec l'architecture gothique. Jane a trouvé une chaumière et un cœur dans un isolement topographique et social qui sera cependant fécond.

L'héritage gothique, surtout marqué à Gateshead et à Thornfield, est soutenu par l'isomorphisme entre les demeures et leurs habitants. Charlotte Brontë en fait un usage encore plus net dans *Villette* où Malevola, sorte de Miss Havisham avant l'heure, règne sur sa demeure et provoque des foudres climatiques au moindre de ses mouvements : « Just as she turned a peal of thunder broke, and a flash of lightning blazed over salon and boudoir, the tale of magic seemed to proceed with due accompaniment of the elements[1] ». Imprégnée de la lecture des romans de Walter Scott et nourrie au lait des superstitions locales, Brontë emprunte au gothique des traits parfois outrés. Dans *Jane Eyre*,

1. C. Brontë, *Villette*, Everyman's Library, London, 1977 (1853), p. 354.

le personnage le plus « gothique » est sans conteste Bertha Rochester, même si, nous l'avons déjà dit, le gothique est habilement modifié par un symbolisme qui en élargit l'horizon (je fais encore une fois référence à l'article de Heilman « Charlotte Brontë's New Gothic »). Cent cinquante ans après la parution de *Jane Eyre*, Jean Rhys, hantée par le personnage de Bertha Rochester, la qualifiait néanmoins de caricaturale : « a paper lunatic », création aussi peu convaincante selon elle que le personnage de Brocklehurst, si ce n'est que l'espace textuel qu'elle occupe est beaucoup plus important et certainement proportionnel à l'intérêt qu'elle suscite chez le lecteur, hanté, lui aussi. Bertha Rochester concentre sur elle tous les traits d'un personnage gothique, empruntant au vampire sa soif de sang, au criminel sa pyromanie, à la créature de *Frankenstein* sa force quasi surnaturelle (dans le combat avec Rochester, elle se montre aussi forte que lui et Jane parle de sa « force virile ») : autant d'excès contraignant Rochester à l'enfermer, même si, comme prévient Grace Poole, il y a de la raison dans sa folie. Ses attaques ciblées contre Rochester et Jane en sont le témoignage. L'acte le plus symbolique étant bien sûr la visite à Jane la veille de son mariage avec Rochester, précédée, gothique oblige, d'un furieux déchaînement des éléments. La foudre (colère divine ?) abat d'ailleurs le vieux chêne de Thornfield, métaphore végétale du maître de maison. Bertha vient ensuite, en épouse légitime, déchirer le voile de mariée de Jane, levant peut-être ainsi le voile sur ses illusions, dans une répétition du mariage brisé du lendemain. Elle s'empare du voile de l'usurpatrice pour rejouer la scène de son propre mariage – « vague reminiscences » – (337), et empêcher Rochester de recommencer avec une autre. Parée de ce voile, elle est à la fois le double monstrueux de Jane – « her own hunger, rebellion and rage[1] » – et une parodie d'elle-même. Bertha pourrait bien être en train d'avertir Jane contre les dangers du mariage :

> In Brontë's novel, the plot conflates a typically gothic spatial imagery with the heroïne's dread that her marriage might be but a repetition of the past, that what is locked up in the attic might stand for her own situation as a married and dependent woman[2].

À ce moment de la diégèse, Jane est ce qu'elle ne devrait pas être et ne sera d'ailleurs pas, « vanishing into thin air » le lendemain. Si Jane

1. S. Gilbert et S. Gubar, *op. cit.*, p. 360.
2. Laurence Talairach, « Charlotte Brontë's Female Gothic: Thornfield Hall's Second Story », Séminaire « Les Métamorphoses du Gothique », Toulouse le Mirail, Mai 2001, p. 3. Cet article a été remanié et publié dans *Anglophonia French Journal of English Studies, Les Vestiges Du Gothique, Le rôle du reste, The Remains Of The Gothic, Persistence as Resistance*, Caliban, P.U.M., 2004, p. 119-130.

ne se reconnaît pas dans le miroir le matin du mariage, c'est sans doute le signe qu'elle ne devrait pas être cette mariée en laquelle Rochester l'a transformée. Quelques semaines avant la cérémonie, Rochester emmène Jane à Millcote, la ville la plus proche, pour lui offrir des vêtements qu'il veut d'ailleurs choisir lui-même et Jane de s'insurger contre ce processus de réification que Rochester met en marche, refusant le statut d'objet décoratif, de poupée (le mot est prononcé), dont Adèle est l'emblème, ainsi que celui de femme de harem. Le miroir renvoie donc à Jane une image méconnaissable. Jane devrait rester Eyre et ne sera Rochester que lorsque la voie sera libre : « As long as Bertha is Jane cannot be[1] » ; « A mirror is also a sort of chamber, a mysterious enclosure in which images of the self are trapped like divers parchments[2] ». Pour que ces différentes images finissent enfin par coïncider et n'en former plus qu'une, se rassemblent pour se ressembler, il faut que Jane parvienne à la fin du Bildung et que Charlotte Brontë écrive plus de quatre cents pages : Jane ne sera ni Helen Burns ni Bertha, figures antagoniques que seul l'excès réunit, « imp » et « fairy » « inviables » et dont la mort libère Jane.

Bertha est la night/mare de Jane et le renvoi au tableau de Fuseli est trop évident pour qu'on l'omette : jument nocturne aux yeux exorbités – « roll of the eyes » – elle ne se laisse pas dompter par son maître : « the lunatic sprang and grappled his throat viciously, and laid her teeth to his cheek: they struggled [...] more than once she almost throttled him, athletic as he was » (321). C'est dans le face à face entre Jane et Bertha qu'est portée à son comble l'opposition entre les deux femmes : « That is *my wife*, said he. [...] And *this* is what I wished to have » (322). De deux démonstratifs péjoratifs, faut-il choisir le moindre ? Si Bertha est un animal sauvage, Jane n'a pas droit au statut de sujet. Ce seront d'ailleurs ses propres termes : « I'd rather be a thing than an angel » (291). Bertha est une hyène déguisée, qui se tient sur ses pattes arrière, jument folle, autant de métaphores qui la renvoient au sauvage et qui font écho aux insultes du jeune John Reed à l'endroit de Jane : « bad cat, rat, bad animal », suggérant les rapprochements que l'on sait entre Jane et Bertha. De Jane à Bertha, il n'y a qu'un pas que Jane, heureusement pour elle, ne franchira pas. Les cris de Bertha sèment le désordre dans la demeure : « The night – its silence – its rest, was rent in twain by a savage, a sharp, a shrilly sound that ran from end to end of Thornfield Hall. » (235). Les mots manquent à Jane pour traduire la force et la sauvagerie d'un cri qui ne ressemble à rien de connu : « not the wildest condor on the Andes could, twice in

1. James Twitchell, *The Living Dead*, Duke University Press, Durham, 1981, p. 70.
2. S. Gilbert et S. Gubar, *op. cit.*, p. 341.

succession, send out such a yell from the cloud shrouding his eyrie. The thing delivering such utterance must rest ere it could repeat the effort » (235). L'étonnement de Jane, pour dire le moins, n'est pas sans rappeler celui de Victor Frankenstein devant sa créature (« the thing ») : « How can I describe my emotions[1]... ». L'hystérie de Bertha, dont l'étymologie fait la prérogative des femmes, associée à la sexualité, forcément débridée – mérite incarcération. Nous avons vu qu'Elaine Showalter signale dans *A Literature of their Own* que certains médecins à l'époque victorienne conseillaient d'enfermer les femmes pendant toute la durée de leurs menstrues (soit environ quarante ans). L'image de la femme destructrice ressemble de très près à celle de la femme sexuellement active ou rebelle (la rébellion passe d'ailleurs souvent par la sexualité comme nous le verrons avec le cas de la Lucy de *Dracula*). Les crises de Bertha réitèrent celles de Jane à Gateshead dont Jane fait elle-même une analyse rétrospective lucide : « I was *out* of myself, as the French would say » (44 ; les italiques sont de l'auteur). Métaphore à prendre au pied de la lettre puisque Jane, se regardant dans le miroir ne s'y voit pas, mais une autre, aliénée à elle-même ou à sa perception d'elle-même. À la fin de la période Lowood, Jane déclare en effet : « I believe I was content » (116).

Lorsque Jane Eyre revient à Thornfield, c'est pour y entendre le récit de la mort de Bertha, qui, ayant encore une fois tenté de mettre le feu au lit de Rochester, a trouvé la mort. Dans son récit, l'aubergiste fait de Bertha cette folle qui, en s'élançant fait (re)vivre, juste avant de mourir, la femme de l'aquarelle peinte par Jane à Lowood :

> She was a big woman, and had long black hair: we could see it streaming against the flames as she stood. I witnessed, and several more witnessed, Mr Rochester ascend through the skylight on to the roof; we heard him call "Bertha!". We saw him approach her; and then, ma'am she yelled and gave a spring, and the next minute she lay smashed on the pavement. (453)

Que l'on se reporte à cette description que fait Jane de la deuxième aquarelle : « The eyes shone dark and wild; the hair streamed shadowy, like a beamless cloud torn by storm, or by electric travail » (157).

Comme si au moment même de sa mort, Bertha pouvait (se) donner la vie...

C'est en tentant de l'arracher aux flammes, seul acte altruiste dans une série qui ne l'est guère, que Rochester, jouant littéralement avec le feu, se brûle, perd un bras et un œil, châtiment mérité, dit l'aubergiste,

1. Mary Shelley, *Frankenstein*, Dent, London, 1963 (1818), p. 51.

porte-parole de la *vox populi*, de celui qui a voulu nier l'existence de Bertha au point de prendre une autre femme, dont la description est peu flatteuse : « nobody but him thought her so very handsome. She was a little, small *thing, they say,* almost like a child » – l'enfant du rêve de Jane ? – (451 ; c'est moi qui souligne). Le sort de Bertha, qui subit, comme Jane, une réification spontanée, aurait pu être celui de Jane, « discord, alien, intruder » à Gateshead. Bertha l'est encore bien davantage, tous ces qualificatifs pouvant être portés à l'excès ou – dans le cas de « alien » – ramenés à une littérarité plus incontournable. La détermination de Rochester à l'oublier (écho de celle de Mrs Reed à nier une existence qui l'encombre en prétendant que Jane est morte) va jusqu'à vouloir apposer des scellés à la demeure après le départ de Jane (c'est en tout cas ce qu'il lui dit, même si sa parole peut être mise en doute et sur le compte du chantage émotionnel auquel il se livre pour la retenir), condamnant ainsi Bertha à la vie de morte vivante qui est déjà la sienne, pour éviter toute contagion : « That demon's vicinage is poisoned » (328), écho quasi verbatim des paroles de Victor Frankenstein à l'endroit de son monstre. Rochester garde d'ailleurs Bertha prisonnière dans sa cage comme Victor fabrique en secret sa créature avant de lui donner naissance dans une chambre sans vue, « womb or tomb » ou encore comme Basil Hall peint son portrait maudit de Dorian Gray dans le grenier, autre « mad man (cette fois) in the attic ».

Lorsque Jane visite pour la première fois la demeure le lendemain de son arrivée, elle songe spontanément au personnage de contes de fées de Barbe Bleue. Rochester est un maître, ce que Jane confirme, usant et abusant du titre (moins accepté dans le cas du jeune John Reed) quasi jusqu'à la fin du roman où le « master » déférent, précédé d'un possessif signifiant, le cède enfin au prénom, marqueur d'une familiarité grandissante, alors que le changement n'a pas lieu dans *The Professor*. Héritier des héros de romans gothiques, Rochester en a le regard sombre, tourmenté et « enflammé » (« His dark eyes darted sparks » [235]) et l'autorité (« He was proud, sardonic, harsh to inferiority of every description » [178]), portrait qui irait aussi bien au Heathcliff de *Wuthering Heights* qui méprise toute faiblesse, dont les Linton sont l'emblème. C'est ce trait même qui rend perplexe bien des critiques féministes, surprises que Jane puisse tomber amoureuse d'un tel homme à qui elle déclare d'ailleurs avec une franchise réitérée qu'elle ne le trouve pas beau : « do you think me handsome? / [...] No, sir » (162). Cette franchise plaît d'ailleurs au destinataire, surtout lorsqu'il l'oppose à la flatterie de Céline Varens – « He thought himself her idol, ugly as he was: he believed, as he said, that she preferred his "*taille d'athlète*" to the elegance of the Apollo Belvedere » (172 ; les italiques et les guillemets sont de l'auteur). C'est d'ailleurs cette absence même de beauté qui les rapproche : « Physically, Jane and Rochester (dark-haired, dark-eyed and plain) are contrary to the unsympathetic characters (many of whom are given fair hair and blue or gray eyes)[1] ». Reportons-nous à ce portrait qu'en fait Jane au profit du lecteur :

> His broad and jetty eyebrows, his square forehead, made squarer by the horizontal sweep of this black hair. I recognized his decisive nose, more remarkable for character than beauty; his full nostrils, denoting, I thought, choler; his grim mouth, chin, and jaw. His shape [...] I perceived harmonized in squareness with his physiognomy. I suppose it was a good figure in the *athletic*[2] sense of the term - broad chest and thin-flanked, though neither tall nor graceful. (151-152 ; c'est moi qui souligne)

Le schéma est le même dans *Villette*, *Shirley* et *The Professor* où les figures dominantes sont toujours masculines. Dans *The Professor*, Eagleton analyse ainsi les relations entre Frances et Crimsworth : « With Frances, Crimsworth can erotically sample the simultaneous enthralments of mastery and submission in a transparently sadomasochistic relationship[3] ». Dans *Shirley,* le personnage de Louis semble rassembler ceux de Jane et de Rochester : « [He] marries above him and will tame his imperious spouse but [he] is also a dark dominating figure who will cast Shirley in the role of a meekly submissive Jane[4] ». Ce sont peut-être Jane et Lucy, les deux héroïnes les plus autobiographiques de Charlotte Brontë qui « s'en sortent le mieux ».

La domination de Rochester s'exerce par le secret qu'il tente désespérément de maintenir, sous peine de faire avorter ses desseins. Lorsque Bertha fait pour la première fois entendre son rire inhumain, Rochester lève les yeux, non pas au ciel, mais à l'Enfer (la topologie est inversée), le troisième étage maudit, et semble gagné par la folie qui l'habite : « His dark eyes darted sparks » (236). Le feu se propage. Le regard est d'ailleurs comme aimanté par ce troisième étage où il se passe des choses mystérieuses, que Jane soupçonne mais ignore en même temps, d'où la fascination/répulsion éprouvée dès la première visite (137). Lorsque Bertha se manifeste à nouveau par ses cris lors de la soirée organisée par Rochester, en l'honneur, peut-on supposer, de sa belle promise, celui-ci calme l'assemblée en émoi en recourant à

1. Miriam Allott, *Jane Eyre and Villette,* Casebook Series, London, 1973, p. 212.
2. Le même adjectif sera repris dans la scène de « combat » entre Rochester et Bertha, le jour du mariage manqué.
3. T. Eagleton, *op. cit.,* p. 42.
4. *Ibid.,* p. 59.

l'humour intertextuel qui cache la misère réelle (« It's a mere rehearsal of "Much Ado about Nothing" » [236]) et renvoie à l'une des strates de la narration : la théâtralité. Thornfield est construite sur un leurre et Rochester est le réalisateur/producteur, déclarant à une Jane toujours naïve : « The glamour of inexperience is over your eyes » (244). Telle une héroïne de roman gothique, Jane ne sait pas. Elle est dans l'ombre (« left in total darkness » [181]), tant littéralement que métaphoriquement, lorsque Rochester l'abandonne au chevet de Mason que Bertha vient de mordre sauvagement. Rochester mène un jeu de cache-cache dangereux, anticipé dans la scène de déguisement auquel il se livre et dont Jane n'est la dupe que peu de temps, et sur un mode ludique, mais qui s'intensifie et se dramatise avec le projet de mariage bigame. Lorsque Rochester se voit contraint, à l'issue de l'attaque subie par Mason, de recourir à l'aide de Jane, il soulève en partie le rideau sur l'envers du décor : « the tapestry was now looped up in one part, and there was a door apparent, which had then been concealed » (238). Une porte peut en cacher une autre, dans cette demeure où elles se multiplient, comme pour mieux garder les secrets. Bertha est « a bat in the belfry[1] », qui parfois s'envole vers les étages inférieurs pour y semer la panique. Jane s'étonne devant les tentatives répétées de Rochester de nier qu'il se passe quelque chose d'anormal, – « both attempts were smothered in secrecy and oblivion » (240) – attribuant à Grace Poole et à son alcoolisme les accès de folie de sa prisonnière, à tel point que Jane s'interroge sur la relation entre cette dernière et Rochester :

> Had Grace been young and handsome, I should have been tempted to think that tenderer feelings than prudence or fear influenced Mr Rochester in her behalf; but, hard-favoured and matronly as she was, the idea could not be admitted. Yet, I reflected, she has been young once; her youth would be contemporary with her master's: Mrs Fairfax told me once, she had lived here many years. I don't think she can ever have been pretty; but for aught I know, she may possess originality and strength of character to compensate for the want of personal advantages. Mr Rochester is an amateur of the decided and eccentric: Grace is eccentric at least[2]. (186)

Le comble du déni est atteint lorsque Rochester, tentant d'apaiser Jane après sa nuit de cauchemars et la visite de Bertha, prétend que tout n'était que fruit d'un cerveau enfiévré et Jane, ne demandant pas

1. L'expression signifie avoir « une araignée dans le plafond », être fou. Je joue ici sur les sens à la fois littéral et figuré qui s'appliquent bien au personnage de Bertha.
2. Jane conclut ce monologue intérieur par « *you* are not beautiful either », ce qui rejoint les paroles de l'aubergiste à la fin du roman, s'étonnant, avec les autres, que Rochester ait pu succomber aux charmes d'une si « petite chose ».

mieux, même si elle soupçonne pire, est prête à le croire. Rochester détient la parole et l'autorité liées au savoir. Employeur de Jane dont il est aussi l'aîné de vingt ans, il lui est aisé d'obtenir assentiment et obéissance jusqu'au moment où Jane refuse d'aller plus avant dans la mascarade (comme dans la scène du chapitre 19 où Rochester est déguisé en diseuse de bonne aventure) et le quitte, ironiquement, lorsque celle-ci prend fin. La maîtrise échappe à Rochester dès lors que Jane refuse – et elle refuse dès l'instant où elle sait – de continuer à bafouer la morale et la religion, mais aussi et surtout sa propre dignité : « *I* care for myself » (344) lui dit sa voix intérieure, fille de raison et de conscience. Le maître a perdu, alors que Jane met en pratique sa déclaration théorique précédente, écho de son accusation à Mrs Reed :

> Do you think, because I am poor, obscure, plain and little, I am soulless and heartless? You think wrong! - I have as much soul as you - and full as much heart! And if God had gifted me with some beauty and much wealth, I should have made it as difficult for you to leave me, as it is now for me to leave you. I am not talking to you now through the medium of custom, conventionalities, nor even of mortal flesh: it is my spirit that addresses your spirit; just as if both had passed through the grave, and we stood at God's feet, equal - as we are! (281)

Jane s'appuie aussi sur les leçons religieuses jadis jugées trop sévères de son amie disparue. La proposition de Rochester à Jane d'en faire sa maîtresse (proposition malhonnête s'il en est au siècle où ils étaient) réaffirme sa croyance en son autorité. La scène d'adieux est un morceau de bravoure où Rochester tente d'apitoyer Jane sur son sort passé et à venir, faisant vibrer une culpabilité prompte à s'émouvoir : « Then you snatch love and innocence from me? You fling me back on lust for a passion – vice for an occupation? [...] you leave me here in anguish [...] Jane, cast a glance on my sufferings – think of me. » (344-345). Son existence, sans Jane, serait celle d'un mort vivant, lié à une morte vivante : « For a wife I have but the maniac upstairs: as well might you refer me to some corpse in yonder churchyard » (343). Jane apparaît comme un antidote à la folie, symbole de pureté et d'innocence, baume apaisant. Mais il faut à Rochester Jane tout entière : le corps ne lui suffit pas :

> Never, said he, as he ground his teeth, never was anything at once so frail and so indomitable[1]. A mere *reed*[2] she feels in my

1. L'oxymore « frail » and « indomitable » renvoie à la nature duelle de Jane soulignée tout au long du roman.
2. Peut-être pourrait-on lire un jeu de mot sur « reed », à la fois le nom commun « roseau »

> hand! [...] I could bend her with my finger and thumb: and what good would it do if I bent, if I uptore, if I crushed her[1]? Consider that eye: consider the resolute, wild[2] free thing looking out of it, defying me, with more than courage – with a stern triumph. Whatever I do with its *cage*[3], I cannot get at it – the savage, beautiful creature! If I tear, if I rend the slight prison, my outrage will only let the captive loose. Conqueror I might be of the house; but the inmate would escape to heaven before I could call myself possessor of its clay dwelling-place. And it is your spirit – with will and energy, and virtue and purity – that I want: not alone your brittle frame. (345 ; c'est moi qui souligne)

Pour Rochester, avoir tenté de transgresser les lois morale et religieuse n'était pas péché, mais au contraire quête d'élévation, par le biais d'une Jane pure et innocente. Que Jane l'abandonne et il retombera dans la fange passée, dans « the slough of despond » de Bunyan. Rochester accuse Jane de « non assistance à personne en danger », sa souffrance trouvant dans les accusations une forme d'apaisement. Le discours sus-cité et ses impératifs s'adressent – une fois n'est pas coutume dans le cas de Rochester – au lecteur, avant de réintroduire l'interlocuteur dans le rapport usuel d'interlocution grâce au pronom possessif « your ». Le discours est emphatique, voire ampoulé (les inversions frisent le lyrique : « Conqueror I might be »), et ne produit pas sur Jane l'effet de la voix ni des yeux, beaucoup plus éloquents que les démonstrations de force (discursives ou physiques) : « The look was far worse to resist than the frantic strain » (345). L'expérience se reproduira avec St John : « I would much rather he had knocked me down » (435). La scène est un combat entre raison et passion (à prendre aussi dans son sens étymologique de souffrance), à la fois entre Rochester et Jane mais aussi entre Jane et Jane :

> [...] while he spoke my very conscience and reason turned traitors against me, and charged me with crime in resisting him.

(qui plie mais ne rompt pas, depuis La Fontaine) et aussi le nom de famille des Reed, pour une fois valorisé ?

1. Contrairement à Brocklehurst, Rochester a compris que si tous les signes d'obéissance étaient donnés, rien ne pouvait influer sur l'intérieur. Dans la scène déjà citée où Brocklehurst insiste pour que soient coupés les cheveux des fillettes, Jane commente : « He would perhaps have felt that, whatever he might do with the outside of the cup and platter, the inside was farther beyond his interference than he imagined » (96).
2. Les deux adjectifs « wild » et « savage » renvoient à Bertha, comme si la fièvre de Rochester gagnait Jane, consciente aussi de ses propres tendances « berthaesques ».
3. Les métaphores d'oiseaux sont très fréquentes. À la fin du roman, Rochester appelle Jane son alouette, réminiscence du poème de Shelley : « Ode to a Skylark » où l'oiseau est le messager entre terre et ciel. On pense aussi au livre que « dévore » Jane au début du roman : Bewick's *History of British Birds*.

> They spoke almost as loud as Feeling: and that clamoured wildly. "Oh, comply!" it said. "Think of his misery; think of his danger; look at his state when left alone."[1] (344)

Rochester se présente à Jane comme la victime d'un complot organisé pour le marier à Bertha, version corroborée dans *Wide Sargasso Sea* par Jean Rhys, seul facteur rédempteur dans sa présentation de Rochester, plus bourreau que victime. Non seulement son mariage avec Bertha était affaire d'argent – « matrimony as a matter of money » – mais Rochester avoue avoir été séduit – j'emploie ici le terme dans toute sa force étymologique de « tirer hors du chemin » – par sa beauté fatale, corollaire, dans son excès, de folie, et qu'il lui fait payer cher en jouant les Barbe Bleue. La faute ou le péché (que la perspective soit morale ou religieuse) de Rochester est peut-être surtout d'avoir voulu cacher à Jane une réalité qui, révélée, aurait gâché ses desseins, néanmoins déjoués par une Providence bien- ou mal- veillante, c'est selon. Au bord du gouffre, Rochester, retenu par une intervention extérieure – dieu ou diable sortant de sa boîte – n'est pas tombé. La « victimisation » n'est donc pas de son seul fait et l'on pourrait même aller jusqu'à « déterrer » une intrigue souterraine menée par la famille contre/pour (?) un fils cadet, qui « fait les frais » de la loi sur la primogéniture :

> He [my father] could not bear the idea of dividing his estate and leaving me a fair portion: all, he resolved, should go to my brother, Rowland. Yet as little could he endure that a son of his should be a poor man. I must be provided for by a wealthy marriage. (332)

L'expérience de Rochester n'est pas si éloignée de celle des femmes du XIXe siècle, tant est forte la dépendance financière à la famille dont le salut n'est dû qu'à un mariage avantageux. Il suffit de lire les romans de Jane Austen et en particulier l'incipit de *Pride and Prejudice* pour s'en convaincre : « A single man of large fortune; four or five thousand a year. What a fine thing for our girls[2]! »

Rochester, le héros, serait plutôt un anti-héros dont les handicaps physiques de la fin viendraient souligner la vulnérabilité, pour le plus grand bonheur ou les sarcasmes des féministes, peu indulgentes à son égard. Rochester est en effet puni de cécité partielle et de la perte d'un membre alors qu'il voulait sauver sa femme folle et pyromane. Mais ce châtiment s'inverse en son contraire puisque la cécité permet à Rochester de « voir plus clair » (la métaphore remplace la lettre) : « Apparently mutilated, he is paradoxically stronger than he was when

1. Jane ne croit pas si bien penser si l'on se réfère aux scènes finales où elle le retrouve dans l'état de délabrement qu'elle avait prévu.
2. Jane Austen, *Pride and Prejudice*, Penguin, London, 1972 (1813), p. 52.

he ruled Thornfield for, now, like Jane, he draws his powers from within himself, rather than from inequity, disguise, deception[1] ». Les noirs desseins de Rochester lui valent le châtiment dont il porte les stigmates. Sa punition est en accord avec la norme victorienne – morale et religieuse – que l'auteur respecte. Non seulement Rochester a-t-il commis ou voulu commettre le péché de bigamie, mais il est surtout coupable de ne pas avoir su dominer un désir dont l'expression mérite répression. La réunion finale entre Jane et Rochester est la caution du ciel et de la terre, « The marriage of Heaven and Earth » : « The last letter I received from him (St John) drew from my eyes *human* tears and yet filled my heart wih *divine* joy » (477 ; c'est moi qui souligne). Si Rochester tient Jane sous sa coupe fiancière et sentimentale, St John la sub/jugue aussi, brandissant sa religion comme un impératif auquel Jane ne peut que se soumettre. Les associations positives de Moorhouse s'abolissent devant la menace de réclusion qu'incarne St John. Moorhouse n'est pas le grenier de Thornfield ni la chambre rouge de Gateshead, mais bien pourtant le lieu de torture déjà évoqué, si ce n'est que Jane prend de force une parole dont St John est le plus souvent maître pour la lui laisser à nouveau à la fin d'une narration dont nous avons déjà souligné l'ambiguité. L'amour de Jane pour Rochester l'emporte sur la raison désincarnée de St John et l'héroïne s'échappe de Moorhouse, cette fois plus sûre de son choix que lors du départ de Thornfield.

L'arrivée à Ferndean, dernière étape du chemin de croix de Jane en pèlerin, se fait sous la pluie, souvent corollaire et annonciatrice d'événements peu fastes, en dépit du proverbe qui se trouve, lui, vérifié : « mariage pluvieux... ». « To this house I came just ere dark, on an evening marked by the characteristics of sad sky, cold gale, and continued, small, penetrating rain » (455). Un temps « Lowoodien » : « The afternoon came on wet and somewhat misty [...] I heard a wild wind rushing among trees » (74). Paysages, orages ou naufrages sont autant de *topoï* dont le gothique se nourrit et qui contribuent aussi à alimenter les romans de Charlotte Brontë. Sylvie Maurel, dans son ouvrage sur Jean Rhys, intitule l'un de ses chapitres : « *Jane Eyre*, romance hivernale » et on ne peut qu'approuver ce choix si l'on se reporte à un incipit où il fait aussi froid dehors que dedans. Telle Cendrillon, Jane gèle auprès de l'âtre où il n'y a plus de feu, trouvant dans la lecture (comme les Brontë à Cowan Bridge) la chaleur du plaisir solitaire. Et pourtant les *Bewick Birds* sont aussi froids que la demeure :

1. S. Gilbert et S. Gubar, *op. cit.*, p. 369.

> Of the solitary rocks and promontories by them only inhabited; of the coast of Norway, studded with isles from its southern extremity [...]
> Where the Northern Ocean, in vast whirls,
> Boils round the naked, melancholy isles
> Of farthest Thule; and the Atlantic surge
> Pours in among the stormy Hebrides.
> Nor could I pass unnoticed the suggestion of the bleak shores of Lapland, Siberia [...] with "the vast sweep of the Arctic Zone, and those forlorn regions of dreary space [...]" Of these death-white realms I formed an idea of my own. (40)

L'osmose entre le paysage extérieur « landscape » et le paysage intérieur « soulscape » de Jane est complète. Le paysage désolé et hostile conduit finalement Jane à savourer la contrainte de rester enfermée, « confinée ». La négation qui ouvre le texte s'inverse en son contraire : « There was no possibility of taking a walk that day » (39), « I was glad of it » (39). La fenêtre qui la sépare de l'extérieur lui permet cependant d'en jouir du regard et c'est l'artiste en Jane (et en herbe) qui parle :

> The window allows a vista to stretch before her, and the open expanse forestalls the threat of confinement. Far from a danger, the "double retirement" of the window-seat represents a moment of spatial, as well as emotional, equilibrium: Jane secluded but not confined, separated from those who threaten her and yet positioned to look into open space[1].

Son enfermement devient claustrophilie, vecteur et facteur d'équilibre. Les paysages des *Bewick Birds* semblent sortir tout droit de l'esprit de Jane qui d'ailleurs y reviendra pour peindre ses aquarelles :

> The point of the detailed descriptions of some of Bewick's text and wood-cuts will be lost unless we realize that this book provides the child with images of storm, shipwreck and disaster, Arctic desolation and Alpine heights, death and mysterious evil - images which seem to express her own bewildered sense of what life is like, since they correspond with her condition in the home of the Reeds[2].

Le livre est à la fois projection des émotions de Jane et refuge dans le royaume fécond d'une imagination que révère sa créatrice :

> Ce gel immense est imaginé par la petite Jane, dans sa fixité même, comme un amoncellement monstrueux qui n'a ni limites,

1. K. Chase, *op. cit.*, p. 85-86.
2. *Jane Eyre*, introduction, p. 16-17.

> ni substance : ce froid n'est pas senti, il est infiniment lointain, il n'a pas d'être[1].

Les paysages solitaires « frankensteiniens » ne sont pas sans rapport avec la situation d'exclue qu'elle connaît chez les Reed : « Alone, alone, all, all, alone, Alone on a wide wide sea! », écho au poème de Coleridge, « The Rime of the Ancient Mariner[2] ». Jane se replie dans une autarcie heureuse (« shrined in double retirement »), loin des petits Reed déchaînés. « The image suggests the attraction of enclosure[3] », attirance réitérée au fil de la narration, à Thornfield par exemple lors du bal qu'organise Rochester et auquel Jane ne participe qu'en spectatrice. Jane veut voir sans être vue. La « window seat » est un havre de paix, antithèse, et antidote, de l'Enfer reedien qu'elle quittera pour le non moins infernal Lowood, où, nous l'avons dit, l'arrivée sous la pluie et le vent n'annonce rien qui vaille. L'endroit est aussi peu engageant que son directeur. Là encore, l'isomorphisme fonctionne comme pour les « couples » Rochester/Thornfield et Rochester/Ferndean. À Lowood, Jane souffre d'abord du froid et de la faim, des sévices imposés par un Brocklehurst fanatique et les premières années – parenthèse du thé avec Miss Temple mise à part – s'inscrivent sous le signe du malheur et de la douleur que les deux figures d'Helen et de Miss Temple viennent heureusement éclairer. Le jardin de Lowood, bien que vaste, n'offre aucun horizon : « The garden was a wide enclosure, surrounded with walls so high as to exclude every glimpse of prospect » (80). Les murs qui ceignent le jardin évoquent la forteresse-prison de *Wuthering Heights* : « The narrow windows are deeply set in the wall, and the corners defended with large jutting stones[4] ». Là encore, c'est dans la lecture que Jane trouve apaisement et satisfaction, même si *Rasselas*[5], livre favori de Helen Burns, ne flatte guère une imagination d'enfant, mais contribue à son éducation tout en assurant à Charlotte Brontë la (re)connaissance de ses lecteurs.

1. B. Bertrandias, « Les Images de L'Eau et du Feu... », *art. cit.*, p. 31.
2. Coleridge, « The Rime of the Ancient Mariner », 1797-1798, Part IV, vers 232-233.
3. K. Chase, *op. cit.*, p. 85.
4. Emily Brontë, *Wuthering Heights*, Penguin Classics, 1965 (1847), p. 46.
5. Je cite ici la note 2 du chapitre 5 (483). *Rasselas* : le choix de lecture de Helen est destiné à expliquer son personnage et à la situer. Outre ses mérites intrinsèques, le livre profitait de l'aura du Dr Johnson, qui, contrairement à ce qui se passa pour Pope, n'avait pas disparu avec l'avénement des Romantiques. En 1834, Charlotte recommandait à un ami d'étudier *Lives of the Poets* de Johnson et *Life of Johnson* de Boswell. Dans *Cranford*, le personnage de la fille du recteur utilise le style même du Dr Johnson et lit *Rasselas* à voix haute comme antidote au mauvais goût de ceux qui lisent *Pickwick Papers*. Même George Eliot admirait *Rasselas* qui l'influençait beaucoup. Charlotte Brontë pouvait donc être sûre que sa référence serait comprise des lecteurs, même en 1847. (ma traduction)

Le séjour à Lowood permet à Jane d'atteindre une forme de paix intérieure, mais la quête demeure, traduite en métaphores spatiales explicites :

> I went to my window, opened it, and looked out. There were the two wings of the building; there was the garden; there were the skirts of Lowood; there was the hilly horizon. My eye passed all other objects to rest on those most remote, the blue peaks. It was those I longed to surmount; all within their boundary of rock and heath seemed prison-ground, exile limits. I traced the white road winding round the base of one mountain, and vanishing in a gorge between two. How I longed to follow it farther! (117)

Jane doit aller plus loin, franchir les murs de Lowood sur lesquels son regard ne s'attarde pas. L'arrivée à Thornfield s'annonce, nous dit la narratrice en incipit du chapitre 11, comme « a new chapter in a novel, a new scene in a play » (125). Cet incipit donne à la séquence la plus touffue et la plus longue du roman sa tonalité. Le caractère gothique de la demeure, déjà évoqué, est renforcé par un isolement qui surprend Jane à son arrivée : « but quiet and lonely hills enough, and seeming to embrace Thornfield with a seclusion I had not expected to find existent so near the locality of Millcote » (131). Jane goûte cet isolement et le redoute à la fois, accueillant l'arrivée de Rochester avec la curiosité fébrile de la solitaire. Thornfield, nous l'avons vu, est construite sur une dichotomie entre la demeure, siège de mystère et l'extérieur, ouvert, offert, lisible. Le jardin de Thornfield fait enclave et donne lieu à l'un des passages les plus chargés du roman, puisque Rochester y fait sa demande à Jane. L'ambiguïté du lieu l'inscrit dans la tradition miltonienne où innocence et corruption vont de pair. À minuit, à la fin de la « scène du jardin », Jane ne se sent plus de joie, mais Adèle vient lui annoncer que le vieux chêne de Thornfield a été abattu par la foudre, mauvais présage et prolepse du sort de Rochester lui-même qui, selon ses propres dires, ne vaut guère mieux, à la fin du roman, que le vieux chêne (469). Il n'est guère difficile de lire dans la foudre le symbole de la passion déchaînée et destructrice, intervention gothique qui rappelle *Frankenstein* où l'arbre abattu annonce les tourments de Victor et lui donne des idées... C'est aussi par le feu que Bertha périt, et Rochester y échappe de peu, scène plusieurs fois répétée par l'incendiaire :

> What crime was this that lived incarnate in this sequestred mansion, and could neither be expelled nor subdued by the owner? What mystery, that broke out, now in fire and now in blood, at the deadest hours of night? (239)

Le feu est associé au mal et au danger et Jane fuit Thornfield, pour échapper à des flammes aussi littérales que métaphoriques.

Lorsqu'elle quitte Rochester et erre sur la lande, le paysage est aussi désolé que l'âme en berne de Jane :

> And I sank down where I stood, and hid my face against the ground. I lay still for a while: the night-wind swept over the hill and over me, and died moaning in the distance; the rain fell fast, wetting me afresh to the skin. Could I have stiffened to the still frost - the friendly numbness of death - it might have pelted on. I should not have felt it; but my yet living flesh shuddered at its chilling influence. I rose ere long. (357)

Jane appelle la mort comme elle le faisait dans la chambre rouge, envisageant une « grève de la faim ». Dans son étude sur l'eau et le feu dans les romans de Charlotte Brontë, Bernadette Bertrandias écrit que le gel et la neige pénètrent souvent jusqu'au cœur des personnages. St John Rivers est à la fois marmoréen et de glace :

> [...] it was St John Rivers, who, lifting the latch, came in out of the frozen hurricane - the howling darkness - and stood before me; the cloak that covered his tall figure all white as a glacier [...] I had never seen that handsome featured face of his look more than chiselled marble than it did just now, as he put aside his snow-wet hair from his forehead and let the fire-light shine free on his pale brow and cheek as pale. (403-404)

La glace est piège. St John semble doué des capacités des héros gothiques auxquels il ne ressemble pourtant pas : « he seemed leisurely to read my face » (380), écho direct de *The Italian* :

> An habitual gloom and severity prevailed over the deep lines of his countenance and his eyes were so piercing that they seemed to penetrate at a single glance into the hearts of men and so to read their most secret thoughts[1].

St John est aussi l'héritier du personnage de Percy, Comte de Northumberland dans *Angria* de Charlotte Brontë : « Such passionless yet perfect beauty [...] severely studied, faultlessly refined, as cold and hard and polished and perfect as the most priceless brilliant[2] ».

Lors de la première rencontre avec Rochester, celui-ci tombe de cheval sur une plaque de verglas, réduisant le conte de fées à une situation humblement humaine. L'étude du physique et en particulier du visage de Rochester dont la description a été transcrite plus haut

1. Ann Radcliffe, *The Italian*, The World's Classics, O.U.P., 1968 (1796), p. 35.
2. In Fanny Ratchford, *The Brontës' Web of Childhood*, Columbia U.P., Oxford U.P., New York, 1941, p. 48.

traduit le goût de Charlotte Brontë en particulier, et de l'époque en général, pour la phrénologie, « science » répandue à l'époque et dont George Eliot, adepte des théories de Georges Combe et de son ouvrage, *The Constitution of Man*, paru en 1835, fait aussi grand cas et bon usage. Rochester est lui aussi héritier de Zamorna, le héros de *Angria* à l'œil de faucon. La rencontre avec Jane, au crépuscule, a des allures de conte de fées. Rochester, sur son cheval, noir comme il se doit, vient interrompre la monotonie de l'existence de Jane, comme s'il répondait à un souhait muet mais non moins ardent, à l'instar de la lumière de Moorhouse qui éclaire Jane dans son errance sur la lande. Ici, cavalier et cheval se fondent et se confondent dans le bruit annonciateur de l'arrivée fracassante et fracassée. Jane, nourrie de superstitions et consciente de sa réceptivité dans ce domaine (là encore l'influence gothique se fait sentir) voit dans le chien de Rochester un animal de légende, le Gytrash[1]. L'heure est propice à de telles apparitions et si la narratrice rationalise l'expérience grâce à la rétrospection (le processus est le même dans la reconstruction de l'épisode de la chambre rouge), Jane explique aussi l'impact sur l'actrice qu'elle était alors. Les deux voix se dissocient, comme dans la scène du jardin. Si Jane croit voir un Gytrash, c'est que, comme dans la chambre rouge, son esprit est prêt à recevoir, voire à concevoir, l'image, déformant le chien de Rochester qui se conforme alors au modèle de l'animal de légende qu'il n'est pas mais dont Jane se souvient depuis les histoires de Bessie. La marque autobiographique de Bessie, sœur ou fille de la Tabitha Ackroyd du presbytère, est souvent là, dans ces histoires superstitieuses racontées aux enfants et que Charlotte Brontë fictionnalise, par exemple dans l'épisode de la nonne de *Villette*, qui n'a de surnaturel que l'apparence

1. Je cite ici la note du chapitre 12 de *Jane Eyre*, p. 484 :
Le Gytrash (connu sous le nom « Trash » dans le Lancashire selon certaines sources) est le chien à longs poils dans les superstitions les plus répandues ainsi que le « cheval-fantôme » dont parle Walter Scott dans *The Lay of the Last Minstrel.* Chien noir étrange, énorme et à longs poils, qui apparaît après le crépuscule dans certains endroits seulement – cimetières, chemins solitaires – et provoque en général des catastrophes pour ceux qui le rencontrent (tenter de le frapper était fatal). On lui attribuait des origines diaboliques (comme au chien qui suivit Faust et s'avéra être Méphisto). Dans le Lancashire (c'est la version qui semble être celle de Charlotte Brontë), il apparaissait à certaines personnes pour les avertir de la mort prochaine d'un parent ou d'un ami proche. C'est sans aucun doute ce que nous devons comprendre de la réaction de Jane face à Pilot quand elle l'aperçoit de l'échalier et se souvient des contes du « Nord de l'Angleterre » de Bessie, « créature léonine aux longs poils et à l'énorme tête ». S'il l'avait regardée droit dans les yeux, « avec des yeux surnaturels », comme elle « s'y attendait presque », cela aurait été terrible [...] Mrs Gaskell nous dit que « Toutes les sombres superstitions du Nord lui avaient été racontées depuis l'enfance par les domestiques qui y croyaient ». Charlotte Brontë croyait certainement en sa propre sensibilité aux présages. Elle avait raconté à une amie qu'« un malheur était souvent précédé par un rêve récurrent semblable à celui que fait Jane lorsqu'elle porte dans ses bras un petit enfant qui pleure et qu'elle ne réussit pas à calmer. Les malheurs qu'elle mentionne ne s'abattaient pas toujours sur elle ». [...] (ma traduction)

et ressortit de la farce jouée par deux écervelés pour sortir Lucy d'un quotidien qu'ils jugent médiocre. Lors de la rencontre Jane/Rochester, le galop du cheval, isomorphe du rugissement léonin, ne fait qu'ajouter à la terreur de Jane. Le cheval lui-même est noir destrier, monture satanique que conduit un cavalier aussi noir que lui, héritier du « Corsair » de Byron auquel Blanche Ingram, flatteuse, compare Rochester : « Know that I dote on Corsairs[1] » (208). Si Charlotte Brontë a recours aux recettes gothiques, elle y rajoute sa propre « sauce », démythifiant la scène dès qu'elle en a planté le décor : « Gothic is used but characteristically undercut[2] ». Comme dans *Villette*, l'humour de Charlotte Brontë, si rare qu'il mérite d'être souligné (sur ce point et en dépit des ressemblances Jane n'est pas David Copperfield[3]) se loge dans les interstices d'un discours subtilement subversif dont est totalement dépourvue l'héroïne de *The Professor*. C'est d'ailleurs par ses traits d'esprit, son « wit » shakespearien, que Jane séduit Rochester.

Le Gytrash n'est ici qu'un chien, comme Bertha la vampire n'est qu'une femme, folle peut-être, mais pas moins femme : « It seemed, sir, a woman, tall and large, with thick and dark hair » (311). Bertha évoque la Geraldine de Keats ou la Lamia de Coleridge. À propos de ces références évidentes à l'univers gothique, le critique Twitchell ironise ainsi :

> As if to make sure we do not pass by the vampire nature of this she-beast, Charlotte Brontë has Rochester warn the doctor to make sure Mason is soon spirited out of the country before another full-mooned night has passed[4].

Nous reviendrons sur la lune et son influence sur la « lunatic ». Comme le *Dracula* fin de siècle de Stoker, Bertha n'a jamais un accès direct à la parole et le seul discours que l'on entende est rapporté et, nous l'avons dit, nie l'humain au moment même où il pourrait advenir par le langage : « She sucked the blood, she said she's drain my heart » (242). Dans *Wide Sargasso Sea*, Jean Rhys donne voix au chapitre à la

1. Je cite ici la note 1 du chapitre 17, p. 484 : l'admiration de Miss Ingram pour les Corsaires, les bandits italiens, les voleurs de grands chemins et les pirates Levantins, est de toute évidence l'affectation d'une jeune dame de l'époque qui déclare sa sympathie pour les héros de Byron. L'époque dura longtemps (cf. Jane Austen, Trollope). Lorsque Mrs Gaskell se mit à rassembler du matériel pour *The Life,* elle se demanda quels livres lisaient les jeunes Brontë [...]. Dans une lettre écrite en 1834, Charlotte conseille ses amies sur les livres à lire qu'elle a elle-même déjà lus : Milton, Shakespeare, Thomson, Goldsmith, Scott, Pope, Byron, Campbell, Wordsworth et Southey [...]. (c'est moi qui traduis et résume)
2. Robert Heilman, « Charlotte Brontë's New Gothic », *art. cit.*, p. 98.
3. Je cite ici la note 1 du chapitre 17, p. 486 : « Jane est une création plus "féroce" et n'évolue pas, comme David, dans une atmosphère baignée d'un humour amusé (ni d'ailleurs de pitié larmoyante) ». (ma traduction)
4. J. Twitchell, *op.cit.*, p. 69.

« folle » – l'extrayant ainsi des grognements ou rires qui font sa folie – dont elle retrace le cheminement sans négliger la faute de Rochester, plus coupable, période oblige, que dans *Jane Eyre*.

La visite de Bertha est à l'heure où s'éveillent les vampires : « The night was drearily dark, my spirits were depressed » (179). L'irruption ultérieure de Bertha dans la chambre de Jane a tout de l'apparition : « I never saw a face like it! It was a discoloured face – it was a savage face. I wish I could forget the roll of the eyes and the fearful blackened inflation of the lineaments » (311). Dans *Villette*, Charlotte Brontë fait référence à la légende de la Banshee, fée qui, dans les légendes irlandaises ou écossaises, était censée annoncer la mort d'un habitant : « It had wailed all day [...] an accent keen, piercing, almost articulate to the ear; a plaint, piteous and disconsolate to the nerves, trilled in every gust[1] ». Le rire de Bertha, proche du son « dénaturé » de la créature de *Frankenstein*, fait peser sur Thornfield une menace fatale finalement mise à exécution puisque Bertha elle-même périt sur son bûcher, telles les sorcières d'antan ou encore une fois la créature de Frankenstein qui annonce et programme son auto-immolation : « I shall ascend my funeral pile triumphantly[2] », fin spectaculaire qui évoque celle des veuves indiennes auxquelles Jane fait aussi référence : « I had as good a right to die when my time came as he had: but I should bide that time, and not be hurried away in a suttee » (301). La différence entre Bertha et le monstre (Gilbert et Gubar s'acharnent pourtant à trouver des ressemblances allant jusqu'à faire du monstre une femme opprimée) est que celui-ci parle et parle bien, disposant même de facultés oratoires supérieures à celles de son créateur, frappé de mutisme chaque fois que le lecteur espère une explication. Les mots manquent trop souvent à Victor. Bertha, nous l'avons dit, est privée du langage qui fait l'humain. Sa monstruosité n'est pas du même ordre, mais les châtiments se ressemblent, aboutissant à l'exclusion de ces deux marginaux par une société qui évince les femmes et les « opprimables » de tout poil du devant de la scène. Rochester relègue Bertha à la châsse de la mémoire – « The shrine of memory » (le substantif s'est fait verbe au début de la narration : « I was shrined in double retirement » (39)), mémoire qui ne demande qu'à ne pas s'éveiller. Bertha Rochester est devenue une figure de légende qui a donné son titre à l'ouvrage critique de Gilbert et Gubar abondamment cité : *The Mad Woman in the Attic* sans qu'il soit besoin d'expliquer au lecteur averti ce à quoi ce titre fait référence, comme si, à l'instar de la créature de *Frankenstein* qui a, dans l'inconscient populaire collectif, usurpé le nom de son

1. C. Brontë, *Villette*, p. 31.
2. M. Shelley, *op. cit.*, p. 242.

créateur, il n'y avait qu'une femme folle dans la littérature anglaise. Dans *Villette*, Charlotte Brontë s'appuie sur le roman de Matthew Gregory Lewes *The Monk* dans l'épisode de la nonne, même si, comme nous l'avons dit, les nonnes des deux romans n'ont de commun que le nom (de nonne). Dans *Villette*, le gothique n'est cependant que de surface, pour ne pas dire de pacotille. La nonne apparaît à Lucy cinq fois dans le roman, elle est aussi difficile à définir que Bertha Rochester et a droit aux mêmes pronoms impersonnels ou substantifs « indéfinis » : « something, a figure[1] ». La tentative d'exorciser l'horreur du vu par le dit est aussi vaine que celle de Jane essayant de convaincre Rochester (qui en est convaincu) de la présence de Bertha dans sa chambre. Rochester nie, comme John Bretton qui prétend que Lucy a la fièvre, à ceci près qu'il le croit vraiment, ce qui n'est pas le cas de Rochester. Comparons les deux réactions à deux narrations similaires : « I think it is a case of spectral illusion[2] », dit Bretton à Lucy ou encore : « The creature of an over-stimulated brain » (312) dit Rochester à Jane . Comme Bertha, la nonne de *Villette* est une figure imposante : « She looked tall of stature and fierce of gesture[3] ». Mais si l'ancêtre Lewes fait jouer les ressorts habituels de l'horreur, le phénomène sera expliqué de manière rationnelle dans *Villette*, puisqu'il s'agit d'une simple farce. Dans ce cas, Charlotte Brontë serait plus proche du gothique d'Ann Radcliffe. Sue Wolstenholme analyse ainsi l'épisode : « A comic revision of the "Bleeding Nun" episode in *The Monk*[4] ». Comme Jane, Lucy rejette d'ailleurs la croyance aux fantômes qu'elle qualifie de « romantic rubbish[5] », autre version du « other rubbish » (143) dont parle Jane lors de sa rencontre avec Rochester. Comme la jeune Jane, Charlotte Brontë était superstitieuse :

> One night, I was on the point of relating some dismal ghost-story, just before bed-time. She shrank from hearing it, and confessed that she was superstitious, and prone at all times to the involuntary recurrence of any thoughts of ominous gloom which might have been suggested to her[6].

Heilman analyse le gothique chez Charlotte Brontë pas tant comme influence littéraire que comme sensibilité personnelle à fleur de peau, les deux ne s'excluant pas. C'est, nous l'avons vu, lorsque Jane est dans un état de crise – dans la chambre rouge ou à Thornfield – que surgissent

1. C. Brontë, *Villette*, p. 222.
2. *Ibid.*, p. 227.
3. *Ibid.*, p. 335.
4. Sue Wolstenholme, *Gothic (Re)visions*, State University of New York Press, New York, 1993, p. 72.
5. C. Brontë, *Villette*, p. 93.
6. E. Gaskell, *The Life of Charlotte Brontë*, Penguin, 1975 (1857), p. 501.

les apparitions, hallucinations ou rêves éveillés sur lesquels nous reviendrons : l'état émotionnel catalyse des visions qui ne font que l'aggraver. L'enfermement dans la chambre rouge ne peut que provoquer chez une jeune enfant les visions anxiogènes analysées dans le premier chapitre et qui, à leur tour, en accroissent l'intensité et la gravité au point que Jane s'évanouit, tirant le rideau sur une scène de souffrances devenues insoutenables : « Unconsciousness closed the scene » (50), métaphore théâtrale récurrente. Eva Figes analyse l'évanouissement en termes de soumission féminine : « Fainting is the point of physical submission[1] ». Peut-être est-ce aussi l'autre version d'une (petite) mort nécessaire au Bildung de Jane qui renaîtra apaisée et grandie, comme pourrait le suggérer l'homophonie du « I was borne upstairs » (43) sur lequel se clôt le premier chapitre. L'héroïne de *Villette* connaît aussi sa chambre rouge, lorsqu'elle séjourne trop longtemps et seule au pensionnat de Bruxelles, épisode largement autobiographique : « Lucy roused the ghosts that haunted her[2] ». Ses hallucinations reprennent celles de Jane dans la chambre rouge et les deux narratrices ont recours aux mêmes mots : « the ghastly white beds were turning into spectres – the coronal of each became a death's head, huge and sun-bleached – dead dreams of an elder world and mightier race lay frozen in their wide gaping eyeholes[3] ». C'est aussi dans la contemplation du tableau de *Cleopatra*, autre expérience autobiographique, reprise quasi verbatim dans la fiction, (la transtextualité fonctionne) que s'opère le parallélisme avec Bertha Rochester :

> [...] in each of her eyes sat a devil. These evil forces bore her through the tragedy, kept up her feeble strength [...]. They wrote HELL on her straight, haughty brow [...]. Hate and Murder and Madness incarnate she stood[4]. (les majuscules sont de l'auteur)

Vashti partage avec Bertha le sort de « raging cast-off mate[5] », d'Ève monstrueuse, à la sensualité torride et menaçante. L'épisode se clôt d'ailleurs sur un incendie. Vashti « s'ignifie » comme Bertha Rochester s'immole. Vashti serait à Bertha Rochester ce que la nonne est à Helen Burns et Lucy est prise dans le même dilemme que Jane, tiraillée entre les deux pôles : « How to escape the nun's fate (Helen Burns's)

1. E. Figes, *Sex and Subterfuge, Women Writers to 1850*, Macmillan Press, London and Basingstoke, 1982, p. 129.
2. S. Gilbert et S. Gubar, *op. cit.*, p. 422.
3. C. Brontë, *Villette*, p. 144.
4. *Ibid.*, p. 234.
5. Robert M. Polhemus, *Erotic Faith*, The University of Chicago Press, Chicago and London, 1990, p. 132

and the curse of the witch (Bertha Rochester's)[1]? ». Sensibilité gothico-romantique et réalisme victorien doivent trouver un terrain d'entente, un « happy medium » que consacre la fin de *Jane Eyre*, mais qui fait (peut-être) défaut à *Villette*, puisque Paul-Emmanuel, le promis de Lucy est censé se noyer en mer, actualisation des naufrages métaphoriques réitérés au cours de la narration, sans que jamais toutefois cette hypothèse tragique (?) ne soit vérifiée. La précaution de la parenthèse traduit les hésitations discursives du « peut-être » et du point d'interrogation, exprimant les réticences de la critique féministe par rapport à la fin trop conventionnelle de *Jane Eyre*, trop conforme à un modèle victorien que par ailleurs elle rejette. Lucy Snowe « s'en sort seule », ouvrant l'école que les sœurs Brontë n'avaient jamais réussi à ouvrir et refusant, contrairement à la Miss Marchmont du début du récit, dont elle fut pour un temps la dame de compagnie, d'attendre à jamais un fiancé qui ne viendra plus. Le promis de Lucy ne lui sera pas donné dans l'espace textuel. Mais Lucy « a les pieds sur terre », et rejette fantômes et revenants, démasquant la nonne, qui se défait devant elle comme une vulgaire poupée de chiffons : « And down she fell – down and all around me – down in shreds and fragments – and I trode upon her[2] ». La nonne n'était qu'une non-entité, une farce montée par deux jeunes amants frivoles. Le surnaturel est expliqué, mais le lecteur a-t-il, comme chez Radcliffe, vraiment tremblé ? – comme il tremble dans *Jane Eyre*, craignant pour la vie de Jane. Charlotte Brontë utilise le gothique (dans ses aspects les plus caricaturaux pour ce qui est de *Villette*) comme moyen et non comme fin. La fin de *Villette* s'éloigne de la romance, à laquelle, nous l'avons dit, *Jane Eyre* sacrifie, même si une fin où le bonheur va de pair avec la perte d'un œil et d'un bras est discutable. « Charlotte Brontë's novels take advantage of the potential of earlier Gothic novels to call into question the authority of narrative vision[3] ».

Les paysages gothiques et la lune

Le symbolisme de la lune n'est plus à démontrer. Figure féminine, – « it is almost the invariable custom to speak of Nature, the Earth and the Moon (still a triple goddess) as feminine[4] » – qui fait pendant au soleil

1. S. Gilbert et S. Gubar, *op. cit.*, p. 424.
2. C. Brontë, *Villette*, p. 429.
3. Susan Wolstenholme, *op. cit.*, p. 57.
4. Elizabeth Imlay, *Charlotte Brontë and the Mysteries Of Love, Myth and Allegory in Jane Eyre*, Harvester Wheatsheaf, Hemel Hempstead, 1989, p. 88. Dans cet ouvrage, Elizabeth Imlay consacre une partie de chapitre (p. 84-88) à étudier la lune, ses occurrences et ses significations, la ressemblance de certains personnages avec la lune, et son influence constante sur la vie de Jane.

masculin, astre qui influe sur l'humeur – féminine surtout –, d'où l'adjectif « lunatique », qui prend en anglais le statut de substantif tout en accroissant la gravité du signifiant. Bertha Rochester semble galvanisée par la présence de la lune. Dans *Jane Eyre*, les apparitions sont nombreuses et signifiantes : la lune n'est pas purement décorative, mais vient dramatiser l'expérience. Dans *Villette*, elle invite Lucy à la suivre : « She lured me to leave this den and follow her forth into dew, coolness and glory[1] ». De même au début du roman, alors que Miss Marchmont fait à Lucy le récit de son mariage manqué, la lune, claire et froide, brille dans la nuit. Les mêmes adjectifs sont repris en incipit du chapitre 20 de *Jane Eyre*, lorsque Bertha déchire la nuit de son cri, mettant en émoi la maisonnée endormie :

> Awakening in the dead of night, I opened my eyes on her disc – silver-white and crystal clear. It was beautiful, but too solemn [...]. The night – its silence, its rest – was rent in twain by a savage, a sharp, a shrilly sound that ran from end to end of Thornfield Hall. (235)

Jane insiste sur la beauté solennelle du moment, trop solennelle cependant pour être de bon augure, le malheur se logeant dans l'intensif « too » (235). La lune elle-même, que Jane personnifie (« looked in at me »), inversant les rôles à la manière de Victor Frankenstein (« la lune était dans le ciel et regardait Victor ») est annonciatrice de l'arrivée du monstre, alliée qui le guide, ou traîtresse qui le dévoile. En ce début de chapitre, elle semble prévenir Jane d'un événement insolite, quasi simultané : « The moon acts as godmother to her[2] ». D'autre part, la théorie selon laquelle la lune influe sur la « lunatic » se vérifie : Bertha passe à l'attaque par les nuits où la lune « bat son plein ». L'héritage est gothique, mais aussi romantique. Il n'est que de citer « The Rime of the Ancient Mariner » où lune et soleil se fondent et se confondent, présage de la souffrance des marins : « The bloody Sun, at noon / Right up above the mast did stand, / No bigger than the Moon[3] ». Le rouge incandescent évoque les yeux injectés de sang de Bertha la vampire : « the roll of the red eyes » (311), que souligne le pronom personnel « she » (la lune a bien partie liée avec le féminin) : l'anthropomorphisation de la lune est à la fois collective et personnelle. En effet, si l'imaginaire collectif en fait une figure féminine, Charlotte Brontë pousse l'association à son terme, en fait une égale, une alliée ou une rivale : « The wanderings and changes in Jane's life are accompanied) a

1. C. Brontë, *Villette*, p. 410.
2. E. Imlay, *op. cit.*, p. 88.
3. Samuel Taylor Coleridge, « The Rime of the Ancient Mariner », 1797-1798, p. 112-114.

and watched over by the moon[1] ». Elle est tantôt figure protectrice d'une mère jamais connue, tantôt Bertha Rochester ayant partie liée avec l'au-delà (même si la dichotomie n'est pas aussi tranchée, Bertha pouvant jouer le rôle de la mère qui avertit Jane des dangers du mariage avec un homme comme Rochester ou un homme en général). Dans la description que fait Jane à Rochester, on entend aussi le Coleridge de « Kubla Khan » : « A savage place! as holy and enchanted / as o'er beneath a waning moon was haunted / By woman wailing for her demon-lover[2]! ». La lune joue à cache-cache avec Jane, disparaissant et ressurgissant « at intervals », n'offrant là qu'une face, « half-overcast » avant de s'enterrer derrière les nuages protecteurs comme pour épaissir le mystère. C'est encore une fois la lune qui regarde Jane, comme étonnée de la trouver là, intruse dans une nuit qui n'est pas sienne. La plainte qui s'élève ensuite ne fait qu'accroître les mauvais pressentiments d'une Jane qui attend le promis peu de temps avant un mariage qui ne fera qu'actualiser ses craintes. L'incipit du chapitre 21, nous l'avons vu, insiste sur l'adhésion de Jane aux présages, pressentiments et autres prémonitions. Pourtant, du rouge, la lune passe au bleu : « the moon had opened a blue field in the sky, and rode in it watery bright » (305). Mais si ce premier mariage est un désastre qu'annonce une lune menaçante, métonymie de Bertha dans sa dangereuse incandescence et ses apparitions aussi fulgurantes qu'évanescentes, le vrai mariage, une fois Bertha disparue, pourra enfin avoir lieu, cautionné par une lune sage et alliée dont Jane note aussi les apparitions au fil d'une narration tiraillée, entre ces deux pôles : Bertha/Helen, le rouge passion et le bleu virginal. Juste avant la rencontre avec Rochester, la figure de la lune naissante pourrait préfigurer le destin faste de Jane, à la manière de ses aquarelles relevées de touches d'optimisme dans une atmosphère générale d'apocalypse :

> On the hilltop above me sat the rising moon; pale yet as a cloud, but brightening momently; she looked over Hay, which, half lost in trees, sent up a blue smoke from its few chimneys; it was yet a mile distant, but in the absolute hush I could hear plainly its thin murmurs of life. (143)

La lune, pâle et timide, ne naîtra que pour faire le bien de Jane, remplaçant l'agressif soleil « crimson » pour une victoire du féminin sur le masculin. Plutôt que de victoire, peut-être vaudrait-il mieux parler de fusion harmonieuse ? Dans la scène du jardin, c'est à Rochester qu'il revient de prophétiser cet heureux destin. La rencontre/ coïnci-

1. E. Imlay, *op. cit.*, p. 84.
2. Coleridge, « Kubla Khan », 1798, p. 14-16.

dence du soleil et de la lune annonce celle des deux futurs époux : « no one can wish to go to bed while sunset is thus at meeting with moonrise » (277). Quelque temps avant le mariage, lorsque Rochester emmène Jane à Millcote pour la couvrir de vêtements, prêt, pour parler familièrement, à lui « décrocher la lune », il fait à une Adèle, sceptique, le récit de sa rencontre avec Jane : « It was a fairy, and come from Elfland, it said; and its errand was to make me happy: I must go with it out of the common world to a lonely place – such as the moon, for instance – » (296). Le conte de fées avorte le jour du mariage, la lune n'était qu'un grenier déjà habité...

Lorsque Jane décide de quitter Rochester après le mariage, elle entretient avec la lune un dialogue muet, l'interrogeant assidûment, attendant d'elle une réponse à ses questions : « as though some word of doom were to be written on her disc » (346), version séculaire des tables de la loi. La réponse vient (comme toujours lorsque Jane se tourne « vers le haut »), se confondant avec celle d'une « femme en blanc[1] », figure maternelle ou virginale, jetant sur la terre et sur sa fille un regard bienveillant, telle une fée se penchant (mieux vaut tard que jamais) sur son berceau. Jane s'est enfin attiré les bonnes grâces d'une lune protectrice et dont le regard ne s'étonne plus de la voir là, mais marque au contraire attention et amour. La lune veille sur une Jane en proie aux tourments de l'arrachement tout proche et lui murmure (écho du passage précédemment cité) : « My daughter, flee temptation » (346), écho biblique du *Pater Noster* : « sed libera nos a malo ». L'accent biblique est celui d'Helen Burns que Jane a déjà adopté la veille « face à l'ennemi » :

> I will hold to the principles received by me when I was sane, and not mad - as I am now. Laws and principles are not for times when there is no temptation: they are for such moments as this, when body and soul rise in mutiny against their rigour; stringent are they; inviolate they shall be. If at my individual convenience I might break them, what would be their worth? They have a worth - so I have always believed; and if I cannot believe it now, it is because I am insane - quite insane, with my veins running fire, and my heart beating faster than I can count its throbs. (344)

L'analyse clinique de son état réitère quasi verbatim celle de Jane, enfant, dans la chambre rouge, à cette différence près qu'elle est ici simultanée dans la mesure où Jane, désormais adulte, dispose des outils qu'il faut pour s'y livrer, – narratrice et actrice se confondent.

1. *The Woman in White*, titre du roman de Wilkie Collins, 1860.

Dans le premier exemple, l'analyse est le fait de la seule narratrice posant sur la scène un regard rétrospectif : « My heart beat thick, my head grew hot » (49), scène que certains critiques, nous l'avons dit, analysent en termes de transe sexuelle.

La dernière intervention de la lune a lieu à Moorhouse où elle « bat son plein », inondant la pièce de sa lumière comme pour éclairer Jane et lui montrer la voie qui, cette fois, est celle de l'amour et du retour à Rochester. À ce moment même, comme il le dit dans sa narration ultérieure à Jane, Rochester, avec ses yeux d'aveugle, s'était tourné vers la lune : « and only by a vague luminous haze knew the presence of the moon » (471). Présence annonciatrice de celle de Jane, qui souvent ne fait qu'une avec la lune : « the two are closely identified : the moon ascending in solemn march, her orb seeming to look up as she left the hilltops[1] ». À la manière de la Providence, avec laquelle elle se confond parfois, la lune apparaît dans l'existence de Jane à des moments-clés, de crise, pour lui montrer le chemin, borne de signalisation qui donne à Jane un code de conduite.

La fée du conte

Si Charlotte Brontë révise le gothique (« the nineteenth century readers must have been aware of the subversive hints hardly hidden behind Charlotte Brontë's subversive adaptation of former Gothic tales[2]. »). Jane Eyre, avant les héros de Dickens, est aussi une autre Cendrillon, exclue d'une famille qui la hait, bannie du salon où se rassemblent les petits Reed, poussins autour de leur mère poule « she lay reclining on a sofa by the fireside, and with her darlings about her » (39), « Me, she had dispensed from joining the group » (39). L'ironie mord dans le choix du verbe « dispense », puisqu'il s'agit au contraire d'une contrainte que Mrs Reed impose à Jane et non de la liberté que pourrait suggérer le verbe. Le pronom personnel, rejeté en tête de phrase en est séparé par une virgule qui protège le reste de la couvée d'une possible contamination (crainte qui habite Rochester dans le cas de Bertha, et Jane est aux Reed ce qu'est Bertha à Rochester). Jane n'appartient pas à cette famille, John Reed ne cesse de le lui seriner, jouant le rôle de porte-parole et d'agent d'une mère à qui il serait difficile de faire subir à Jane les sévices qu'il lui inflige. Jane est la dernière roue du carosse (une Cendrillon) et les Reed la triste parodie d'une « vraie » famille. La mère est une marâtre, dont le devoir est de

1. E. Imlay, *op. cit.*, p. 88.
2. L. Talairach, *art. cit.*, p. 4.

l'exclure (« she really must exclude me »), les sœurs ne valent guère mieux que celles de Cendrillon. Parente devenue pauvre d'une famille riche condamnée par le défunt Mr Reed à s'occuper d'elle, Jane doit payer cher une présence qu'elle même qualifie de pénible et de disgracieuse : « I was a discord at Gateshead », « I was no handsome, romping child » (47). Elle n'a même pas de Cendrillon la beauté physique qui rachèterait la disgrâce sociale, ni d'ailleurs sa douceur légendaire : « La pauvre fille souffrait tout avec patience, [...] cependant, Cendrillon, avec ses méchants habits, ne laissait pas d'être cent fois plus belle que ses sœurs[1] ». Jane, au contraire, se consume de colère, d'une colère inscrite dans le titre des premières œuvres, *Angria,* partageant avec les autres héroïnes de sa créatrice et les héros de Dickens encore une fois le sort de l'orpheline : « The self is less a relational reality than a watchful alien presence on the periphery of others' lives[2] ». Dans sa jalousie et sa haine, Mrs Reed ira jusqu'à nier l'existence de Jane, qui la dérange et dont elle veut à ce point faire le malheur qu'elle la prive d'un héritage (qui ne sera que partie remise) qui la sortirait de son état. Mrs Reed est à la fois la marâtre de *Cendrillon* mais aussi la sorcière de *Blanche Neige,* qui, métaphoriquement, empoisonne la vie de Jane. Les servantes elles-mêmes, « acting as agents for men or the patriarchal order[3] » (comme Grace Poole pour le compte de Rochester), se font aussi les porte-parole d'une maîtresse dont elles cautionnent les ordres, par peur de perdre leur emploi. Bessie, la plus amène d'entre elles, confirmera même à Jane que son physique d'enfant, contrairement à celui des demoiselles Reed, « remakes » des sœurs de Cendrillon, n'était pas des plus avantageux, enfonçant un clou déjà profond. Contrairement à Cendrillon, Jane « ne fait rien » dans la maison : « you are less than a servant, for you do nothing for your keep » (44). Fillette entretenue, elle refusera par la suite le statut de femme entretenue que lui fait miroiter Rochester et ce n'est que lorsque Cendrillon sera devenue Princesse et Jane « heir », lorsque son maître sera devenu son Edward, que pourra se faire l'union. Si l'on se rapporte à la définition du *Dictionary of Literary Terms,* le conte de fées :

> [...] belongs to folk literature and is part of the oral tradition [...] In its written form, the fairy tale tends to be a narrative in prose about the fortunes and misfortunes of a hero or heroïne who, having experienced many adventures of a more or less supernatural kind, lives happily ever after. Magic, charms, disguise and spells are some of the major ingredients of such

1. Charles Perrault, *Contes*, Livre de Poche, Paris, 1990 (1578), p. 246.
2. T. Eagleton, *op. cit.*, p. 25.
3. S. Gilbert et S. Gubar, *op. cit.*, p. 351.

> stories, which are often subtle in their interpretation of human nature and psychology[1].

Jane Eyre colle au modèle et les références aux contes de fées sont légion. Comme dans *Cendrillon*, le père est absent ou n'apparaît que sous forme – effrayante – de fantôme. Le nom de Perrault pourrait même se lire derrière le Madame Pierrot (enseignante de Français à Lowood) de la page 83. La marraine de Cendrillon fait cependant défaut dans *Jane Eyre* durant l'enfance, à moins que Miss Temple offrant un goûter à Helen et à Jane puisse en faire office. Le thé se pare d'ailleurs des couleurs d'un festin, comme la citrouille de Cendrillon se transforme en carosse. La magie n'est pas que dans les contes de fées, elle est aussi dans les romans. Les autres figures positives, contraste saisissant avec les Reed, sont les Rivers – surtout les deux sœurs – avec lesquels Jane partage son héritage, devenant à son tour la bonne fée. L'autre ressemblance notée par Imlay entre Cendrillon et Jane est l'épisode de la chaussure. Nous connaissons l'histoire de la pantoufle de vair trouvée par le Prince, qui veut en épouser la propriétaire. Au bal que donne Rochester à Thornfield, Jane est encore une fois spectatrice qui voit sans être vue et s'éclipse (« slip ») discrètement pour rattacher sa chaussure (« slipper ») de peur de la perdre, donnant à Rochester le temps de la rattraper. Voici le conte revu et corrigé par Brontë :

> Thence a narrow passage led into the hall: in crossing it, I perceived my sandal was loose; I stopped to tie it, kneeling down for that purpose on the mat at the foot of the staircase. I heard the dining-room door unclose; a gentleman came out; rising hastily, I stood face to face with him: it was Mr Rochester. (209)

Comme Cendrillon, et à plusieurs reprises, Jane tente d'échapper à Rochester, la scène du jardin en étant la meilleure illustration. Comme si l'histoire était trop belle pour être vraie (et n'arrivait qu'aux belles), comme si Jane, à qui on l'a tellement répété, ne pouvait avoir droit au bonheur, prérogative des riches, des beaux et des bons : « All said I was wicked and I might be so » (48). À Gateshead comme à Thornfield, on l'ignore : orphelines et gouvernantes sont quantités négligeables, à « mettre dans le même sac » de « social castaway ». Les Princesses sont les demoiselles Reed, Brocklehurst ou Ingram qui se lancent dans une diatribe contre les gouvernantes lors du bal déjà évoqué : « My dearest, don't mention governesses; the word makes me nervous. I have suffered a martyrdom from their incompetency and caprice. I thank Heaven

1. John Anthony Cuddon, *Dictionary of Literary Terms*, Penguin, London, 1977, p. 324.

I have now done with them! » (206). Et du général, la conversation passe au particulier puisque Jane est présente, épitomé des gouvernantes, concentrant sur elle tous leurs péchés : « [...] in hers [physiognomy] I see all the faults of her class. » (206). Jane est victime/coupable du délit de facies et des préjugés sociaux : l'erreur est grossière puisqu'elle est issue d'une classe (dite) supérieure et que seul l'habit cache ses origines. Jane enfant a d'ailleurs une phobie de la pauvreté. À Mr Loyd, l'apothicaire qui l'interroge, elle explique :

> [...] I might have some poor, low relations called Eyre, but she knew nothing about them. [...] I should not like to belong to poor people. [...] I could not see how poor people had the means of being kind, and then to learn to speak like them, to adopt their manners, to be uneducated, to grow up like one of the poor women I saw sometimes nursing their children or washing their clothes at the cottage doors of the village of Gateshead: no, I was not heroic enough to purchase liberty at the price of caste. (56)

Si le père n'était qu'un pauvre pasteur (le bio s'immisce là encore), la mère, pour sa part, était de bonne famille. Grâce à l'héritage providentiel, perçu aussi par les critiques comme intervention trop artificielle d'un deus ex machina trop beau ou trop bon pour qu'on y croie, il permet à Jane (et on passe du conte de fées à la promotion sociale, plus réaliste) d'ajouter à ses revendications d'égalité de sexe, celle de l'argent : « And rich, sir » (459). La citrouille s'est transformée en carosse et si le Prince n'est pas aussi charmant que celui du conte, Jane s'en contente. L'union de Jane et Rochester évoque l'histoire de *La Belle et la Bête* surtout si l'on se réfère à la fin du roman où Rochester tient davantage de l'animal sauvage grognant dans sa tanière (on songe aussi à Bertha) qu'à un être humain civilisé. C'est d'ailleurs ce que lui dit Jane, plus encline à l'humour en cette fin de roman :

> It is time some one undertook to rehumanize you, said I, parting his thick and long uncut locks; for I see you are being metamorphosed into a lion, or something of that sort. You have a *faux air* of Nebuchadnezzar in the fields about you, that is certain: your hair reminds me of eagles' feathers; whether your nails are grown like birds' claws or not, I have not yet noticed. (461 ; les italiques sont de l'auteur)

Jane lui demande un peigne pour discipliner sa crinière en désordre, Berthaesque (462), qui la replonge dans l'univers enfantin des contes de Bessie : « [...] you talk of my being a fairy, but I am sure you are more like a brownie » (463). Jane répète à Rochester qu'il n'est pas beau (contrairement à St John) – nous avons déjà souligné son ton badin – qu'il ne correspond en rien au modèle classique (contrairement à St John encore une fois) et le lui redit lors de cette rencontre finale. Le défi de Charlotte Brontë, s'il n'est pas spectaculaire, est d'avoir réussi – et sur ce chapitre, le seul peut-être, elle est moins conventionnelle que sa sœur Emily – à intéresser le lecteur d'hier et d'aujourd'hui à des héros hors normes. Chez Jane l'amour n'est pas aveugle (s'il l'est littéralement pour Rochester à la fin du roman) et jamais elle ne se départit de sa lucidité, jouant d'ailleurs les coquettes avec Rochester lorsqu'elle lui décrit les perfections de St John, non sans un certain plaisir mêlé de l'humour dont elle sait parfois faire preuve :

> He's untiringly attractive. Great and exalted deeds are what he lives to perform [...] His brain is first rate [...] St John is an accomplished and profound scholar [...] St John dresses well. He is a handsome man: tall, fair, with blue eyes, and a Grecian profile. (465-466)

Les rapprochements entre *La Belle et La Bête* et Jane et Rochester ne s'en tiennent pas là, mais fonctionnent aussi quant aux lieux : « The Beast's place is a palace ». Si Thornfield n'est pas à proprement parler un palace, il l'est pour Jane, à peine sortie de Lowood. Elle s'émerveille en découvrant sa chambre, qui laisse augurer du meilleur, même si ce meilleur reste du domaine de l'indéfini et de l'atemporel :

> The chamber looked such a bright little place to me as the sun shone in between the gay blue chintz window curtains, showing papered walls and a carpeted floor, so unlike the bare planks and stained plaster of Lowood, that my spirits rose at the view. [...] Externals have a great effect on the young. I thought that a fairer era of life was beginning for me, one that was to have its flowers and pleasures, as well as its *thorns* and toils. My faculties, roused by the change of scene, the new *field* offered to hope, seemed all astir. I cannot precisely define what they expected, but it was something pleasant: not perhaps that day or that day month, but at an indefinite future period. (129-130) (mes italiques : on peut y lire un jeu de mots sur l'étymologie du nom de la demeure)

L'intuition de son avenir, dans ce monologue intérieur, « will come true », se fera réalité. Comme *La Belle et la Bête*, Jane et Rochester se rencontrent la nuit, heure du mystère. Ni la Belle, ni Jane (même si elle l'est moins) ne trouvent leurs partenaires respectifs beaux (même si Rochester l'est plus que la Bête) et c'est avec sa franchise d'enfant que Jane répond à Rochester lorsqu'il lui pose la question : « No, Sir » (162), écho de sa réponse aux questions de Brocklehurst sur la religion.

Bonté vaut, selon Jane, mieux que beauté, le cas de Blanche Ingram étant révélateur. La fin des deux histoires est la même, précédée d'un refus dans un cas et du mariage manqué dans le second, pour se terminer sur des mariages réussis et la félicité, fin critiquée, nous l'avons vu dans le cas de *Jane Eyre*, pour un conformisme auquel l'auteur/narrateur ne nous avait pas habitués, contournant, voire rejetant la règle, préférant un Rochester/Vulcain à un St John/Apollon :

> Your words have delineated very prettily a graceful Apollo: he is present to your imagination – tall, fair, blue-eyed, and with a Grecian profile. Your eyes dwell on a Vulcan – a real blacksmith, brown, broad-shouldered; and blind and lame into the bargain. (466)

Rochester, redisons-le, n'est pas une bonne « affaire » (pour reprendre ses propres termes), il n'a rien du Prince Charmant des contes de fées : *Cendrillon* ou *La Belle au Bois Dormant.* Si l'arrivée sur son cheval noir lance Jane sur cette piste, la chute qui suit fait retomber le conte dans le prosaïque et Rochester par terre. Il lui faut alors l'aide de Jane pour se relever et c'est dès cette première rencontre que se dessine le schéma de leur relation à venir. Rochester aura besoin de Jane, comme il ne cesse de le lui répéter à la fin, mi-amusé, mi-geignard. Elle sera, et la métaphore est à prendre au pied de la lettre, la prunelle de ses yeux, « [his] prop and guide », sa fée : « fairy-born and human-bred » (463). Le signifiant « fairy », abondamment employé par Rochester à l'endroit de Jane, particulièrement dans l'épisode sus-cité où il l'emmène à Millcote, contribue à ancrer le roman dans le genre. C'est cependant Jane elle-même, lors de l'épisode incontournable de la chambre rouge, qui l'utilise pour faire son auto-portrait, vu dans le miroir comme un tout fragmenté : « half-fairy, half imp ». Ange ou démon, belle ou bête, Helen Burns ou Bertha Rochester ? Il appartiendra à Jane de réconcilier les deux moitiés de cet ego scindé.

L'image aliénée est aussi suggérée par les contes de Bessie : « [...] Bessie's evening stories represented as coming out of lone ferny dells in moors, and appearing before the eyes of belated travellers » (46). Ainsi elle apparaîtra aux yeux de Rochester à Hay Lane, lors de ce « songe d'une nuit d'été » revisité : « When you came upon me in Hay Lane last night I thought unaccountably of fairy tales and had half a mind to ask if you had bewitched my horse » (153). Jane vient d'ailleurs (comme Bertha ?) d'un autre monde. L'ironie du passage tient dans le renversement qui s'opère après la chute : alors que Jane voyait en Rochester un Prince des Ténèbres, en Pilot, le chien, un Gytrash de légende, c'est au final Rochester qui se demande si elle ne l'a pas ensorcellé. La même ironie préside à la scène du lit où Jane, craignant pour la vie de Rochester sur son lit en flammes, inonde le dit lit et se voit interrogée par la victime : « Have you plotted to drown me ? » (180) ; alors que l'eau ne vient que comme pare- ou contre-feu, calmant les ardeurs actualisées, enflammées de la folle. L'eau vient déjouer les plans du feu, tirer Rochester de l'Enfer des flammes :

> [...] deluged the bed and its occupant, flew back to my own room, brought my own water-jug, baptized the couch afresh, and, by God's aid, succeeded in extinguishing the flames which were devouring it. (179-180)

C'est une fois de plus à Jane qu'est attribué l'acte de sorcellerie, elle qui n'a fait que réagir à un premier acte criminel. Le « baptême » de Rochester ne vient qu'en conséquence de son « baptême du feu ». Les pouvoirs de la fée Jane peuvent prendre tous les tours : si elle est capable de faire chuter un cheval, ou de combattre un incendie, jusqu'où peut-elle aller ? Le « imp » est là qui veille. À la fin du roman ce ne sont au contraire que les associations positives qui l'emportent : Jane n'est plus que la bonne fée dont Rochester craint encore qu'elle ne disparaisse, comme la première fois, par la magie même qui l'a ramenée à lui. Pas plus que Jane à qui il déclarait son amour dans le jardin de Thornfield, Rochester n'ose croire au bonheur d'un retour qu'elle assure définitif et préfère croire au pire de peur d'y retomber à nouveau. La fée/belle est prête à épouser un « brownie ».

La fée Jane est aussi Schéhérazade, qui maintient l'intérêt de l'interlocuteur/destinataire en donnant de sa vie un récit fragmenté, comme pour attiser davantage cet intérêt. En dépit de ses tendances Barbebleuesques, Rochester ne la tuera pas.

Lorsqu'elle découvre Thornfield, Jane associe en effet spontanément la demeure au château de Barbe Bleue :

> I, by dint of groping, found the outlet from the attic, and proceeded to descend the narrow staircase. I lingered in the long passage to which this led, separating the front and back rooms of the third story – narrow, low, and dim, with only one little window at the far end, and looking, with its two rows of small black doors all shut, like a corridor in some Bluebeard's castle. (138)

Comme Rochester, Barbe Bleue est riche et laid (l'un compensant l'autre), il « collectionne » les épouses qu'il tue pour désobéissance et dont il enferme les cadavres dans un cabinet. La dernière femme échappe au massacre, sauvée par ses frères. Thornfield est à la fois gothique et « féérique » : « the locked chamber on the third story is caught within a web of Gothic clichés working within a horrible fairytale plot[1] ». Dans son ouvrage, Karen Chase insiste sur la complexité architecturale du lieu, la multiplication des portes, qui, comme dans *Alice in Wonderland*, refusent souvent de s'ouvrir. Dans *Barbe Bleue*, le franchissement du seuil est transgression, comme dans *Jane Eyre* où le grenier qui recèle Bertha est un lieu inaccessible et « inaccédé ». La demeure est construite selon un « esprit escalier », chaque montée au grenier est descente aux Enfers, les couloirs se succèdent, égarant Jane qui y déambule. Mais encore une fois, alors que dans le conte de Perrault la topologie bachelardienne est respectée (avant l'heure !), le cabinet se situant en bas, siège des instincts, le grenier est, comme tout grenier qui se respecte, en haut de la demeure. Pourtant grenier et cabinet ont une même fonction : cacher, voire enterrer, (littéralement parfois) des secrets. Ici ces secrets sont des femmes, mortes ou vives, mais plutôt mortes que vives, même dans le cas de Bertha dont l'apparence tient davantage de l'apparition : « It *seemed*, sir, a woman » (311 ; mes italiques). En entrant à Thornfield, Bertha s'est vue condamnée à une mort lente, comme par défaut. Comme dans *Barbe Bleue*, les bourreaux sont des hommes, même si, dans le conte, l'épouse a enfreint l'ordre donné, comme Bertha, dont la sexualité exacerbée et sauvage (aux dires de Rochester, *vox populi* de l'époque victorienne) est entorse à la bienséance. Comme Barbe Bleue enferme les cadavres de ses épouses désobéissantes, Rochester séquestre une épouse qui bafoue les codes moraux de la Grande-Bretagne victorienne et s'en cherche une autre. Le schéma de dépendance est clairement souligné : outre Bertha, Mrs Fairfax, Grace Poole, Jane, Adèle et même Blanche Ingram dépendent de Rochester autant que dépendent de Barbe Bleue ses nombreuses femmes. Si la dernière femme échappe, grâce à une intervention extérieure, au sort qui l'attendait, Bertha, elle, périra par sa faute, à bout de solitude et de folie, tandis que Jane est d'abord sauvée d'un mariage bigame, grâce aussi à une intervention extérieure de la famille de la rivale, comme si, nous l'avons dit, Bertha prévenait Jane de ce qui pourrait aussi devenir son sort en cas de mariage. Jane échappe à un mariage inconvenant pour ensuite en contracter un qui s'accorde aux exigences victoriennes. Elle quitte Rochester à point nommé, même si sa vie n'est mise en danger que par Bertha, figure à la fois tutélaire et rivale (et Jane ne perçoit que le second aspect), autre personnage féminin menaçant sur le chemin de Jane. Et pourtant la voix intérieure qu'entend Jane lors de sa séparation d'avec Rochester pourrait bien être celle de Bertha, devenue figure maternelle : « The more solitary, the more friendless, the more unsustained I am, the more I will respect myself » (344). L'agneau (la comparaison est le fait

1. L. Talairach, *art. cit.*, p. 4.

de Rochester) Jane ne sera pas « dévorée » par le loup Rochester, qui, comme le dit à juste titre L. Talairach, a tendance à transformer les femmes en fantômes ou à les réifier, deux manières de les faire disparaître en tant que sujets à part entière. Adèle n'est-elle pas :

> [...] a ghost-like miniature model of her own mother. Beneath the offerings the text spreads hints as regards Rochester's murdering potential, his capacity to change little girls into dead figures of the past, to renew his macabre cabinet of curios [...] In fact, Rochester seeks to dissect the little girl's vanity, so as to show, to quote his own words, how coquetry "runs in her blood, blends with her brains, and seasons the marrow of her bones."[1]

Sa question ironico-rhétorique à Jane : « Do you suppose I eat like an ogre [autre Brocklehurst ?] or a ghoul, [frère de sang de Bertha ?] that you dread being the companion of my repast? » (298). Sa présentation de Bertha aux invités comme « a fierce ragout » (322) n'incite guère à venir partager le repas d'un mariage qui ne se fera d'ailleurs pas. Rochester lui préfère une Jane, plus facile à « digérer », et qu'il semble même prêt à dévorer : « he seemed to devour me » (344). La narration nous renvoie et se renvoie elle-même à l'une de ses multiples strates :

> Brontë's reproduction of a then stereotyped mode of writing is not merely a series of images borrowed from an earlier popular genre, but can above all be analysed as a lesson in reading through texts. (Brontë) leads the reader to decipher the literary layers that compose her own novel[2].

Au lecteur d'effeuiller ou d'ouvrir le texte comme la boîte de Pandore qu'il est, comme la boîte que Rochester offre à la jeune Adèle, projetant sur elle ses propres désirs/fantasmes inavouables de dévoration : « Yes, there is your "boîte" at last: take it into a corner, you genuine daughter of Paris, and amuse yourself with disembollewing it » (160). Rochester est un « mâle meurtrier », vivisecteur prêt à démembrer le corps féminin, ou à le réduire à une ombre de lui-même, telle Jane le matin de son « premier » mariage :

> I shut the closet, ["macabre cabinet" ?] to conceal the strange, *wraith*-like apparel it contained; which, at this evening hour [...] gave out certainly a most *ghostly* shimmer through the *shadow* of my apartment. (303 ; c'est moi qui souligne)

---

1. *Ibid.*, p. 8.
2. *Ibid.*, p. 5.

Le champ lexical est lourdement labouré. Cette Mrs Rochester fabriquée de toutes pièces par son « maître » (« one Jane Rochester » [303], l'indéfinition du pronom en dit assez long) – comme est fabriquée la créature de *Frankenstein* – est un monstre immontrable (« Am I a monster? », se demande-t-elle) qui ne devrait pas être et qui (contrairement au monstre) ne sera pas, disparaissant « into thin air ». Si l'anthropophagie de Rochester est de l'ordre du figuré, Brocklehurst, dans sa soif de dévoration, est plus féru de littéral. Nous avons vu que la narratrice (et même les autres personnages) l'enferment dans des rêts d'images thériomorphes et légendaires : loup, ogre, etc. La scène citée *in extenso*, que Jane résume à l'intention de Rochester, où il ordonne que soient coupés les cheveux exubérants des fillettes à Lowood peut se lire en termes de castration. Brocklehurst affame les corps des fillettes pour mieux les ingérer, se réclamant de la doctrine chrétienne, brandie comme un bouclier : « Punish the body to save the soul » (98). Sous sa férule, Lowood est un lieu de tortures : Jane est hissée sur l'échafaud, mais n'aura pas la tête (ni les cheveux) coupée. Rochester s'étonne d'ailleurs qu'elle ait survécu à ces traitements, d'où l'exclamation de colère mêlée d'admiration déjà citée : « Never was anything at once so frail and so indomitable. A mere reed she feels in my hand » (344). Une force de chêne sous une écorce de roseau..., véritable oxymore, où se réaffirme la nature duelle de Jane, écartelée entre deux pôles, qui font néanmoins sa force : « fairy-born and human-bred » (463). Jane pourrait être le Petit Chaperon Rouge que le ou les loups ne dévoreront pas. L'image est reprise par Rochester qui laisse Jane – indignant plus d'un critique – à côté d'une Bertha en crise sans l'avoir avertie (secret oblige) du danger qu'elle court. : « My lamb, near a wolf's den, unguarded » (245). Mais le plus loup est-il celui/celle qu'on pense ? L'écho au *Petit Chaperon Rouge* est encore plus clair dans *Villette* où Lucy apporte des provisions à la bien nommée Malevola : « Just as she turned, a peal of thunder broke, and a flash of lightning blazed broad over salon and boudoir, the tale of magic seemed to proceed with due accompaniment of the elements[1] ». Le gothique est ici beaucoup plus caricatural :

> Knowing the good use to which Miss Brontë put the story from *A Sicilian Romance* of the concealed wife in a castle, one is not surprised that Lucy's imagination is tinged also with Radcliffian shades. The house on the Rue des Mages where Madame Walvarens lives seems to have been moved out of Udolpho[2].

1. C. Brontë, *Villette*, p. 354.
2. In M. Allott, *op. cit.*, p. 239.

Dans *Jane Eyre*, nous l'avons vu, le gothique est plus subtilement remanié. Charlotte Brontë s'inspire du genre sans y être asservie. Tout se passe d'ailleurs comme si elle lançait son lecteur sur des pistes pour mieux le dérouter : *Jane Eyre* emprunte au genre gothique, mais le « revisite ». La démarche est encore plus nette pour ce qui est de l'autobiographie, que l'auteur semble revendiquer au point de donner à son roman éponyme le sous-titre (qu'on oublie souvent) : « An Autobiography ».

UNE BRONTËOGRAPHIE

Jane Eyre : Autobiographie ?

Le titre original de *Jane Eyre,* était en effet : *Jane Eyre, An Autobiography.* Si l'autobiographie est déclarée, revendiquée, officielle, puisqu'elle est même le titre de l'œuvre, il s'agirait de définir ou de comprendre simplement ce que Charlotte Brontë entend par là. Si l'on applique au roman les critères de Lejeune, le chantre de l'autobiographie, on se trouve dans une impasse. Jane Eyre ne porte pas le nom de sa créatrice, alors que pour Lejeune le même nom doit être partagé entre auteur, narrateur et personnage. Le Je de *Jane Eyre* serait surtout grammatical, et le personnage de l'ordre de ce que Lejeune appelle « copie conforme », ressemblant à bien des égards à sa créatrice : « plain Jane », gouvernante, etc. C'est surtout cependant la période de Lowood qui est la plus fidèle au réel : Helen Burns, nous dit Gaskell dans sa biographie de Charlotte Brontë, est fortement inspirée de Maria Brontë. Mais là où Jane réussit, Charlotte échoue. Jane « gagne » un mari : « READER, I married him » (474 ; les majuscules sont de l'auteur) s'exclame-t-elle triomphalement à la fin du roman, comme si elle venait de « décrocher » le gros lot (ou la lune), pour parler vulgairement. À l'inverse, et comme le souligne Gaskell, la vie de Charlotte Brontë est un « vrai roman ». Le personnage de Rochester a été inspiré, dit-on, de Monsieur Héger, époux de la directrice du pensionnat belge, qui ne répondit jamais aux avances épistolaires d'une Charlotte Brontë en mal d'amour. Rochester, pour sa part, fait plus que de répondre, et c'est même lui qui avance et propose. À cet égard, c'est *Villette* qui est certainement le roman le plus autobiographique, même si, là encore, la romance sombre dans l'océan sans que la mort de Paul-Emmanuel soit toutefois attestée. Comme Rochester, Paul-Emmanuel répond aux sentiments de Lucy et c'est même lui qui les encourage (la fiction est ici plus belle et généreuse que la réalité). Dans *Villette*, Lucy parvient aussi à ouvrir l'école que jamais les Brontë, en dépit de tentatives réitérées, ne parvinrent à ouvrir. Le succès sourit aux héroïnes de fiction. En passant du bio à la graphie, Charlotte Brontë réussit là où elle avait échoué, confiant à l'écriture la fonction cathartique et rédemptrice qui est la sienne. L'autobiographie est fictive, le narrateur lui-même n'est qu'une construction artistique.

Lejeune définit l'autobiographie comme « récit rétrospectif en prose », des origines à nos jours. Jane Eyre porte sur le passé un regard rétrospectif, et c'est là que le pacte est respecté, à ceci près que, contrairement à Dickens, elle ne commence pas au tout début, et que la narratrice n'est pas l'auteur. La meilleure preuve étant la différence de patronyme. Jane fait un travail anamnésique à la recherche de l'enfant perdue, enfuie et enfouie, dont elle retrace le cheminement tout en tâchant de rester dans les limites du crédible et du plausible :

> [...] all is seen from the vantage point of the single experience of the central character, with which experience the author has imaginatively identified herself, and invited the engagement, again even to the point of imaginative identification, of every reader[1].

Dans la scène où elle raconte à Miss Temple sa vie à Gateshead, Jane tend à édulcorer une vérité qui lui paraît trop noire pour être crue :

> I resolved, in the depth of my heart, that I would be most moderate - most correct; and having reflected a few minutes in order to arrange coherently what I had to say, I told her all the story of my sad childhood. Exhausted by emotion, my language was more subdued than it generally was when it developed that sad theme; and mindful of Helen's warnings against the indulgence of resentment, I infused into the narrative far less of gall and wormwood than ordinary. Thus restrained and simplified, it sounded more credible. (102-103)

Le récit de Jane est d'ailleurs sporadiquement corroboré par d'autres narrateurs témoins, dont Jane, la narratrice en chef, se fait le porte-parole, mais qui viennent attester de la véracité de ses propres dires, comme Bessie, St John, Mrs Reed. Bessie remarque, par exemple, à propos de l'épisode de la chambre rouge que « Missis was rather too hard[2] » (52). « When *Jane Eyre* came out in 1847, it so accurately reflected life that it was assumed to be the true story of an oppressed orphan, a starved and bullied charity school-girl, and a despised and slighted governess[3] ». L'illusion du réel, la *mimesis* autobiographique, est telle que *Jane Eyre* est de l'ordre du mentir-vrai. Miroir de la société, « l'enfant est vecteur d'un commentaire social dont l'axe principal

1. Kathleen Tillotson, « Jane Eyre » in *Critics on Charlotte and Emily Brontë*, edited by Judith O'Neill, George Allen and Unwin Ltd, London, 1971, p. 186.
2. Marie Soumaré, *L'Enfance dans Jane Eyre et David Copperfield*, Mémoire de DEA, Nanterre, 2002, p. 18-19.
3. Maggie Berg, *Jane Eyre, Portrait of a life*, Twayne Publishers, Boston, 1977, p 1.

est la figure de l'orphelin[1] » et c'est effectivement dans la période de l'enfance que se loge essentiellement le bio :

> [...] the facts on which Charlotte Brontë drew for *Jane Eyre* are closest to autobiographical experience in the early part of the novel, while the later part slips into wish-fulfiment and romance[2].
>
> L'écriture des origines constitue peut-être en dernière instance l'origine de l'écriture, ce besoin impérieux de l'emporter sur le passé (qui ne passe pas), de l'exorciser en l'écrivant[3].
>
> Jane produces figurative representations of the primary, gendered others from whom the self derives and in relation to whom the self defines itself[4].

En écrivant l'histoire de sa vie, l'orpheline, jusque-là privée de parole, in/fantilisée comme la folle dans son grenier, – « It is only on condition of perfect submission and stillness that I shall liberate you then. [...] Silence! » (49) – en devient l'auteur pour une autobiographie fictive ou une fiction autobiographique. Jane Eyre est autant l'enfant de Charlotte Brontë que David Copperfield est celui de Dickens, même si les initiales en miroir de Charles Dickens et de David Copperfield sont plus éloquentes. On pourrait dire la même chose de la Lucy de *Villette* qui, comme Jane, entre en scène à un âge plus avancé que David Copperfield. Trois des quatre romans de Charlotte Brontë ont pour narrateurs des narratrices alors que *The Professor* fait exception et – est-ce un hasard ? – est un demi-échec. Deux de ces trois romans sont à la première personne, alors que la voix narrative de *Shirley* (autre roman éponyme dont les héroïnes seraient ses sœurs Emily et Anne) se partage en deux : Shirley et Caroline, qui parlent à la troisième personne. Nous reviendrons sur cet aspect dans la partie qui traite du féminisme et de la création d'un espace féminin, « a space of their own ». On a reproché à Charlotte Brontë son échec à créer des personnages masculins convaincants, alors que leurs pendants féminins l'étaient bien davantage. Il y aurait – il y a – beaucoup plus de ressemblances entre Charlotte Brontë et ses héroïnes qu'entre elle et Crimsworth. La première personne – invitant aux confusions que quêtent souvent les lecteurs, en mal d'indices autobiographiques – a des accents d'authentiticité que la même première personne chez Crimsworth n'a pas. Lucy et Jane se partagent la vedette et les deux romans pourraient entrer

1. *Ibid.*
2. J. Oldfield, *Jane Eyre and Wuthering Heights, A Study Guide,* Norton, New York, 1976, p. 23.
3. M. Soumaré, *op. cit.*, p. 78-79.
4. C. Williams, *art. cit.*, p. 231.

dans ce que Lejeune appelle un « espace autobiographique », considérant, à juste titre, me semble-t-il, qu'il n'est pas d'autobiographie unique, même si elle est officiellement déclarée, mais qu'il faut au contraire à l'écrivain une œuvre entière pour (s')écrire. En un mot, tout écrit porte des traces autobiographiques, plus ou moins marquées, et le roman, selon Gide, pourrait être plus vrai que l'autobiographie, dégagé qu'il est des contraintes, pour ne pas dire du carcan, autobiographique (ce qui rejoindrait l'analyse de Gaskell précédemment citée). Janet Frame, écrivain néo-zélandais contemporaine, morte en 2004, et que son autobiographie a rendue célèbre grâce au film de Jane Campion, *An Angel at my Table*, déclare dans une interview que l'autobiographe porte le lourd fardeau d'avoir à dire toute la vérité, idée reprise par Mathieu-Castellani dont le titre de l'ouvrage critique, *La scène judiciaire de l'autobiograhie*[1], est révélateur. Janet Frame sait de quoi elle parle, puisque l'aveu d'une tentative de suicide dans un essai universitaire lui a valu huit ans d'internement en hôpital psychiatrique dont elle a failli sortir lobotomisée. Jane Eyre, pour sa part, prend des libertés avec le genre autobiographique, d'autant qu'elle reconnaît, en dépit du titre initial, qu'il ne s'agit pas de « regular autobiography », à supposer, une fois encore, qu'il existe un « degré zéro » du genre, débarrassé des scories de la fiction, épuré. C'est ainsi que Jane Eyre, la narratrice, « gomme » huit ans de sa vie qui, pense-t-elle, ne sauraient intéresser le lecteur, un peu à la manière de Nelly Dean dans *Wuthering Heights*, qui « n'en fait qu'à sa tête », en dépit des exigences de Lockwood, second narrateur et interlocuteur de Nelly Dean, qui insiste pour obtenir une narration sans faille, au mot près. En qualifiant son autobiographie de « non conforme », Charlotte Brontë attire l'attention sur les failles inhérentes au genre même, trous de mémoire, subjectivité, faillibilité, qui, paradoxalement, sont autant de gages d'authenticité. Même l'autobiographie déclarée ne saurait éviter ces écueils. L'exemple le plus éclairant, eu égard à la subjectivité, est bien sûr l'épisode de Lowood, autre nom pour Cowan Bridge où quatre des sœurs séjournèrent, et qui coûta la vie à deux d'entre elles. Si Charlotte Brontë, citée par Gaskell, déclare ne pas avoir trahi ni noirci la réalité, Gaskell s'est vue sommée de modifier sa narration, essentiellement par rapport au personnage de Brocklehurst, version fictionnalisée mais très reconnaissable du Révérend Carus Wilson. « Bien que Gaskell fût convaincue que Charlotte Brontë avait "dit toute la vérité", elle n'eut guère le choix : il fallait réécrire les passages concernant Cowan Bridge School et peindre un Carus Wilson moins noir[2] ». De la

1. Gisèle Mathieu-Castellani, *La scène judiciaire de l'autobiographie,* PUF, Paris, 1996.
2. C. Bazin in *La Biographie Littéraire en Angleterre (XVIIe-XXe siècles),* Publications de

même façon, Anne Brontë avait été violemment critiquée pour son portrait peu flatteur d'Anabella, la séductrice sans scrupules de *The Tenant of Wildfell Hall*, trop proche de la Mrs Robinson qui avait séduit puis abandonné Branwell. Affect et objectivité ne font guère bon ménage. De même, la narration du séjour de Lucy à *Villette* est une réminiscence peu indulgente du personnage de Mme Héger, rivale « légitime » de Charlotte Brontë qui en fait une espionne sans scrupules dans sa fiction. La Belgique où règne le catholicisme n'est guère mieux traitée. Les élèves sont stupides, les dirigeants peu scrupuleux :

> I long to live once more among Protestants; they are more honest than Catholics; a Romish school is a building with porous walls, a hollow floor, a false ceiling; every room in this house, Monsieur, has eye-holes and ear-holes, and what the house is, the inhabitants are, very treacherous; they all think it lawful to tell lies; they call it politeness to profess friendship where they feel hatred[1].

Dans *Villette*, la scène où Lucy, à bout de solitude, décide de se confesser (Charlotte Brontë voit dans la confession une forme à peine déguisée d'espionnage), est une reprise directe du vécu.

Le passage à la fiction a bien une fonction cathartique et protectrice, et toute ressemblance avec des personnages existant ou ayant existé n'est pas fortuite. L'autobiographie expose, met le moi à nu, et fait perdre à son auteur l'abri confortable de la fiction. Nous avons vu que les romans se terminaient plus heureusement que la vie réelle, si ce n'est que Charlotte épousa tout de même le Révérend Nicholls, ce qui, ironise Gaskell, mit fin à sa carrière d'écrivain, mais aussi, ou peu s'en faut, à sa vie, puisqu'elle mourut, enceinte, neuf mois (serait-ce un symbole ?) après son mariage. Si Lucy ne retrouve pas son Paul-Emmanuel, elle fait néanmoins carrière, comme si, peut-être, là était l'essentiel pour des héroïnes à qui peu de voies restaient ouvertes. Les fins des autres romans s'inscrivent toutes dans la tradition victorienne, même si *Jane Eyre* n'échappe pas à une certaine ambiguïté. Si, selon certains critiques qui me convainquent, c'est surtout l'enfance qui porte la marque de l'autobiographie dans *Jane Eyre* et, comme nous le savons, l'enfance n'est pas rose (à cet égard, Charlotte Brontë décape les clichés), il semblerait que Charlotte Brontë ne voie de bonheur possible que dans la fiction. Le rêve de Jane devient réalité, d'où cette exclamation triomphante, maintes fois citée : « READER, I married him. ». L'interpellation au lecteur (source d'irritation pour le critique

l'Université de Saint-Étienne, 1999, p. 110-111.

1. C. Brontë, *The Professor*, p. 127.

Sylvère Monod qui recense et dissèque ces interpellations dans la Norton Critical Edition de 1971) vise à s'assurer de sa *captatio benevolentiae*, qu'il aurait mauvaise grâce à refuser à une héroïne si méritante. Cette participation que l'on impose au lecteur est un tic autobiographique, abondamment pratiqué par les auteurs du genre, Jean-Jacques Rousseau en tête, Frame ensuite. Les siècles changent et se ressemblent. La fin de *Jane Eyre*, critiquée pour son trop grand conformisme, l'a aussi été pour son manque de réalisme : l'épisode télépathique, la mort opportune de Bertha Rochester, même si, encore une fois, le conte n'est pas aussi féerique qu'il y paraît. La cécité de Rochester et son bras mutilé, la demeure insalubre, le fin mot qui revient à St John Rivers, sont autant de « piqûres [de bémols] dans la guimauve du "*happy end*"[1] », comme si, une fois encore, Charlotte Brontë hésitait, même dans la fiction, quant à la possibilité d'un bonheur sans nuages ou sans naufrages (dans le cas de *Villette*).

Le roman éponyme, comme *Shirley*, ne porte pas le nom de son auteur, d'autant qu'à la première parution, Charlotte Brontë dissimulait sa véritable identité sous un nom de plume androgyne, Currer Bell (conservant des initiales à la fois protectrices et révélatrices, le patronyme étant aussi adopté par ses sœurs, qui, elles aussi, conservaient l'initiale de leurs prénoms respectifs). La « mode » du pseudonyme se poursuit avec George Eliot, soufflé par la grande sœur française, George Sand. Charlotte Brontë déclarait que l'usage du pseudonyme, écran salutaire, permettait à l'écrivain de ne pas être jugé en fonction de son sexe. La première personne est un rôle au même titre que la troisième et le pseudonyme en est un autre. Dans le cas de Charlotte Brontë, il y a entorse à cette règle autobiographique. Le récit est, selon les catégories de Genette, autodiégétique, sans que le narrateur soit la même personne/personnage que le personnage principal. La biographie de Gaskell est, elle, une autre version de la vie de Charlotte, qui se lit aussi comme un roman. *Jane Eyre* respecte par contre l'ordre chronologique de la narration d'une vie individuelle. L'autobiographie n'est-elle pas une sorte de Bildungsroman, qui permet de croire à la cohérence du moi ? Le moi écrivant doit bien avoir un lien avec le moi (d)écrit. Sujet de l'énoncé et sujet de l'énonciation sont censés se ressembler et se rassembler. Le lecteur rencontre Jane à ses débuts, pour clore la lecture lorsque Jane a enfin épousé Rochester et vit selon son cœur, dans l'harmonie sociale et sentimentale à laquelle elle aspirait et qui coïncide aussi avec les exigences victoriennes. Mais le sous-titre est un leurre : le Je du narrateur déjoue les attentes du lecteur, fausse-

1. Catherine Lanone, *Wuthering Heights, Un Vent de Sorcières,* Paris, Ellipses, p. 110. Les italiques sont de l'auteur et c'est moi qui ajoute la parenthèse.

ment guidé par ce sous-titre. La narratrice, elle l'avoue elle-même, enfreint sans cesse les règles d'un genre qui n'est pas vraiment celui qu'elle a choisi – l'autobiographie a « mauvais genre » – tout en le revendiquant. Toujours selon la classification de Lejeune, *Jane Eyre* serait de l'ordre du roman personnel et le pacte serait un pacte romanesque. Le roman imite le pacte autobiographique, attestant, contrairement à l'autobiographie, sa fictivité, d'où l'abandon progressif de ce sous-titre (suggéré par l'éditeur) qui brouille les pistes ou en ouvre de fausses. Charlotte Brontë crée une narratrice, elle-même auteur du récit de sa vie, et si le récit rétrospectif en prose correspond à la définition, il manque néanmoins l'essentiel : Charlotte Brontë n'est pas Jane Eyre narratrice ni personnage, et s'il y a bien unité du moi entre sa « mature utterance » et son « immature experience[1] », il n'y a pas identité entre ce moi fictif, construit de toutes pièces et la personne réelle. Même si, nous insistons, les ressemblances existent au point que Jane pourrait parfois être prise pour sa créatrice, qui l'a faite à son image, mais pas complètement : « the same with a difference », « pas tout à fait la même, pas tout à fait une autre ». Comme elle a écrit un roman gothique qui n'en est pas vraiment un, Charlotte Brontë a écrit une autobiographie qui n'en est pas vraiment une, révisant les genres pour proposer un genre à elle, dont les multiples strates font la richesse. On a dit qu'elle était l'ancêtre de Joyce et de Proust, si l'on se réfère en particulier aux rêves qui émaillent les romans (surtout dans *Villette* et *Jane Eyre*). L'incipit du chapitre 21 ne laisse aucun doute sur les convictions de la narratrice, convictions confirmées dans la suite de la narration puisque Jane, « actrice », est la proie de rêves prémonitoires, nourris de superstitions. Nous distinguerons les rêves, ou cauchemars stricto sensu des hallucinations ou autres rêves éveillés.

Rêves, cauchemars, hallucinations

La veille du mariage, Jane fait des rêves anxiogènes suivis, comme par magie, de l'arrivée de Bertha, qu'elle prend pour une hallucination, d'autant que la vision, donnée par le miroir, est anamorphosée, comme sa propre image dans le miroir de Gateshead : pas tout à fait la même... Les deux rêves prénuptiaux peuvent être lus comme signe que Jane et Rochester suivent deux itinéraires différents au moment même où ils devraient se rejoindre. Rochester mène seul le jeu auquel il se brûlera (littéralement les ailes/le bras) en transgressant les lois divine

1. K. Chase, *op. cit.*, p. 51.

et morale. Dans le premier rêve, le vent, comme dans *Wuthering Heights*, joue le rôle de catalyseur, comme s'il avait partie liée avec l'au-delà et les puissances surnaturelles. On songe à « Christabel » de Coleridge : « Is it the wind that moaneth bleak[1]? ». Le gothique est là, dans cet isomorphisme récurrent entre « landscape » et « soulscape ». Et l'âme de Jane est en proie à l'angoisse. Comme dans la chambre rouge, son état la rend sensible à de tels phénomènes, qui, à leur tour, viennent aiguiser cette sensibilité. Les rêves se muent en cauchemars. Dans le premier, Jane est la vedette, l'actrice principale, portant dans ses bras un enfant très fragile, par une nuit sans lune. L'enfant pourrait bien être un petit double de Jane « doomed to carry her orphaned alter ego[2] », s'accrochant à la mère. Jane adulte pourrait aussi, dans cette scène, figurer une Vierge à l'enfant. Le rêve anticipe le propre destin, « gulliverien », de Jane : « a wanderer on the face of the earth » (256), « the wandering Jane ». Comme dans le rêve, Jane va perdre Rochester, même si la manière diffère. Ses entraves pourraient être celles du mariage vu comme prison : Bridewell, ou encore son proche séjour à Moorhouse avec St John Rivers dans le rôle du gardien de prison privant progressivement Jane de sa liberté. « St John wants to imprison the "resolute wild free thing" that is her soul in the ultimate cell, the "iron shroud" of principle[3] ».

> On sleeping, I continued in dreams the idea of a dark and gusty night. I continued also the wish to be with you, and experienced a strange, regretful consciousness of some barrier dividing us. During all my first sleep, I was following the windings of an unknown road; total obscurity environed me; rain pelted me; I was burdened with the charge of a little child: a very small creature, too young and feeble to walk, and which shivered in my cold arms, and wailed piteously in my ear. I thought, sir, that you were on the road a long way before me; and I strained every nerve to overtake you, and made effort on effort to utter your name and entreat you to stop - but my movements were fettered, and my voice still died away inarticulate; while you, I felt, withdrew farther and farther every moment. (309)

Ce premier rêve, désolé, donne au second sa tonalité :

> I dreamt another dream, sir: that Thornfield Hall was a dreary ruin, the retreat of bats and owls. I thought that of all the stately front nothing remained but a shell-like wall, very high and

1. S.T. Coleridge, « Christabel », 1801, vers 44.
2. S. Gilbert et S. Gubar, *op. cit.*, p. 358.
3. *Ibid.*, p. 366.

> very fragile-looking. I wandered, on a moonlight night, through the grass-grown enclosure within: here I stumbled over a marble hearth, and there over a fallen fragment of cornice. Wrapped up in a shawl, I still carried the unknown little child: I might not lay it down anywhere, however much its weight impeded my progress, I must retain it. I heard the gallop of a horse at a distance on the road; a distant country. I climbed the thin wall with frantic, perilous haste, eager to catch one glimpse of you from the top: the stones rolled from under my feet, the ivy branches I grasped gave way, the child clung round my neck in terror, and almost strangled me: at last I gained the summit. I saw you like a speck on a white track, lessening every moment. The blast blew so strong I could not stand. I sat down on the narrow ledge; I hushed the scared infant in my lap: you turned an angle of the road: I bent forward to take a last look; the wall crumbled; I was shaken; the child rolled from my knee, I lost my balance, fell, and woke. (310)

La réalité, que Jane apprend en revenant à Thornfield à la fin du roman, n'est qu'une actualisation dramatique du rêve dont on peut relire le début comme prémonitoire :

> The front was, as I had once seen it in a dream, but a shell-like wall, very high and very fragile-looking with paneless windows: no roof, no battlements, no chimneys – all had crashed in. (449-450)

De même, Rochester sur son cheval semble s'éloigner, n'est plus qu'un point – le « speck » – renvoyant aussi au petit fantôme de la chambre rouge (« specking the gloom »). Le mur qui s'effondre ou s'effrite n'est autre que l'anéantissement des espoirs de Jane le jour J, château de cartes qui s'abat. Le rêve est peut-être aussi le désir secret de Jane qui ne suit plus le même itinéraire que Rochester et pressent un mariage déséquilibré. Les deux rêves prémonitoires sont suivis de l'apparition de Bertha qui a tout d'une hallucination, d'une vision d'horreur que Jane, prompte à se remémorer sa culture superstitieuse voit comme « the foul German spectre – the vampire » (311). De surnaturelle pourtant, Bertha n'a que l'apparence, fantomatique mais bien réelle, morte vive, vivante au masque de morte : « the thing was real » (312) ; même si, comme les vampires, elle choisit la nuit pour se manifester : « The night, – its silence – its rest, was rent in twain by a savage, a sharp, a shrilly sound that ran from end to end of Thornfield Hall » (235). La réification spontanée (« it ») renforce le lien entre Bertha et la créature de *Frankenstein* ou encore Heathcliff, l'enfant adopté de *Wuthering Heights*, noir comme le diable et venu d'on ne sait où. Comme dans les romans gothiques, le mal est étranger, surtout italien chez Radcliffe, tropical dans le cas de Bertha dont Rochester retrace pour Jane le cheminement, des pages 332 à 336, d'un pays chaud au brouillard anglais, de la liberté à l'incarcération, du mariage à la prison : Bridewell encore. Du plus vers le moins, de l'un à son contraire, négatif. Bertha est comme un diable qui sort de sa boîte ou de son grenier. Elle franchit les limites, s'aventure hors de son territoire soigneusement balisé, échappe à la surveillance de Grace Poole (dont Rochester, et plus tard Jean Rhys, nous expliquent qu'elle boit) pour affronter la rivale ou la prévenir brutalement de ce qui l'attend, par une histoire sans paroles, une pantomime éloquente dont Jane ne retient – ne veut retenir – que l'aspect terrifiant, gothique, plutôt que symbolique. Elle est peut-être aussi la résurgence caricaturale de Jane la rebelle, la partie diabolique, le « imp », de l'image de Jane enfant dans le miroir, le Hyde caché de Jane/Jekyll, osant faire, comme John Reed pour sa mère, ce que Jane n'osait pas, à savoir piétiner (littéralement) un mariage illégitime et illégal. Si la réaffirmation du droit se fait non par la parole mais par les gestes de la femme folle, faudrait-il croire que le mariage est folie ? Jane ne sait pas qui elle épouse, tenue par le promis dans l'ignorance du secret. À la suite de la visite nocturne de Bertha – the night/mare – Jane s'évanouit, comme dans la chambre rouge, à bout d'angoisse et de souffrance psychologique, l'évanouissement lui permettant cette fois encore d'échapper momentanément à l'insoutenable pesanteur du réel. La scène reprend en l'amplifiant celle de la chambre rouge, puisque la part obscure et terrifiante de Jane est cette fois séparée d'elle, mène son existence propre, et la menace. Bertha ressemble à s'y méprendre à la femme de l'aquarelle peinte par Jane à Lowood et qui, comme les rêves, aurait fonction proleptico-prophétique.

Portrait de l'artiste en jeune femme

Charlotte Brontë elle-même avait envisagé une carrière d'artiste-peintre et ses romans portent tous la marque de ce goût. Christine Alexander et Jane Sellars ont publié un ouvrage sur les œuvres artistiques de sa famille[1]. Les jeunes Brontë prenaient des leçons de dessin à domicile :

> Somehow or other there was squeezed in the time for drawing lessons, and the time for sketching and paintings between the

1. Christine Alexander & Jane Sellars, *The art of the Brontës*, C.U.P. , 1995.

> visits of Mr William Robinson of Leeds a pupil of Sir Thomas Lawrence and of the delirious Swiss artist Fuseli, who painted nightmares with so sure a hand. The whole family had lessons at the inclusive rate of two guineas a visit, and it is legitimate to trace, in the account of the pictures which Jane Eyre showed Mr Rochester, some influence of the pupil of Fuseli [1].

George Henry Lewes, plus tard, louerait *Jane Eyre* pour cette alliance mots-images : « The pictures stand out distinctly before you: they are pictures, and not mere bits of "fine writing"[2] » . L'écriture de Charlotte Brontë est, pour ainsi dire, « pictorialisée ». La plupart de ses héroïnes, comme celle de *The Tenant of Wildfell Hall* (première femme peintre de la littérature), sont des peintres amateurs et Jane vient en tête du palmarès. Nous avons vu l'influence des *Bewick's Birds* sur les aquarelles qu'elle peint à Lowood, mais ne révèle au lecteur (et à Rochester) que plus tard. Ces aquarelles sont sa plus grande réussite picturale. Contrairement aux miniatures qu'elle peint ensuite de Rochester, Blanche Ingram ou encore son auto-portrait, ces peintures sont des « produits originaux » (*Jane Eyre* reprend verbatim le texte de la préface apologétique de *Wuthering Heights* par Charlotte). D'abord imitatrice des formes d'art conventionnelles de l'époque, Jane Eyre devient créatrice. Les aquarelles sont à la fois révélation et catharsis, permettant de sonder la psyché de Jane ou de déchiffrer son destin. C'est à Lowood que naît, ou se révèle, son talent même si, en un premier temps, les peintures restent à l'état virtuel, non exécutées, « the fruit of a vision » :

> I feasted instead on the spectacle of ideal drawings, which I saw in the dark – all the work of my own hands; freely pencilled houses and trees, picturesque rocks and ruins, Cuyp-like groups of cattle, sweet paintings of butterflies hovering over unblown roses, of birds picking at the ripe cherries of wrens' nests enclosing pearl-like eggs, wreathed about with young ivy sprays. (106)

Comme si ces peintures non exécutées étaient d'autant plus satisfaisantes que le résultat ne vient pas trahir leur auteur. Le choix des sujets reflète les goûts du jour, écho direct des ruines et chaumières pittoresques que peignait Charlotte. Dans *Shirley*, Caroline et Shirley « describe their surroundings in terms which recall both Gilpin's theory

1. E.F. Benson, *Charlotte Brontë*, Longmans Green, London, 1932, p. 51-52.
2. George Henry Lewes in *Fraser's Magazine*, December 1847 in *Charlotte Brontë, Jane Eyre and Villette: a Casebook*, ed. Miriam Allott, London and Basingstoke, 1973, p. 55.

of the picturesque landscape as well as one drawing by Charlotte herself[1] ». Pour Gilpin, le maître du pittoresque :

> Among the objects of art, the picturesque eye is perhaps most inquisitive after the elegant relics of ancient architecture; the ruined tower, the Gothic arch, the remains of castles and abbeys. These are the richest legacies of art. They are consecrated by time; and almost deserve the veneration we pay to the works of nature itself [2].

Ces images mentales viennent compenser la vacance de la vie émotionnelle de Jane, souligné par le choix du verbe « feast » que Jane emploie également pour le goûter « magique » de Miss Temple : « We feasted that evening as on nectar and ambrosia » (104). Les tableaux effectivement réalisés seront bien différents. À ce premier stade de développement artistique, Jane ne perçoit/conçoit l'art que comme imitation. Comme le dit Showalter pour la littérature, les femmes écrivains du XIXe siècle en étaient réduites à imiter leurs confrères : « First there is a phase of *imitation* of the prevailing modes of the dominant tradition, and *internalization* of its standards of art and its views on social roles[3] » (les italiques sont de l'auteur). La définition peut tout aussi bien s'appliquer à l'art en général. Mais la simultanéité des aquarelles et de ces premiers tableaux imaginaires/imaginés ne peut que surprendre le lecteur, comme si cette phase d'imitation n'était que l'une des facettes de l'artiste, alors que les aquarelles sont une véritable explosion de créativité, ce qui correspondrait à ce que Showalter appelle la phase de protestation ou de découverte de soi, dans une quête identitaire. Dans l'évolution artistique de Jane, les trois phases cohabitent, voire empiètent l'une sur l'autre, comme aussi en littérature : « One might also find all the three phases overlap, as they may do in literature[4] ». Cet empiètement ne fait que souligner la personnalité divisée de leur créatrice. Selon Alexander et Sellars, « Jane Eyre's experience also documents Charlotte Brontë's gradual growth in perception[5] ». Ce serait négliger la peinture des aquarelles qui s'inscrivent dans la première « période » de Jane, dont l'art n'est pas chrono/logique mais polymorphe. La révélation dilatoire de ces aquarelles, qui, semble-t-il, demandent un témoin plus direct qu'un lecteur omni-absent, tient de la stratégie narrative qui intrigue le lecteur. Si Jane Eyre, selon ses propres dires, paraissait calme et disciplinée au cours

1. C. Alexander and J. Sellars, *op. cit.*, p. 16.
2. In Maurice Lévy, *Le Roman « gothique » anglais, 1764-1824,* Albin Michel, Paris, p. 216.
3. E. Showalter, *op. cit.*, p. 13.
4. *Ibid.*
5. C. Alexander and J. Sellars, *op. cit.*, p. 38-39.

de ses dernières années à Lowood, l'intérieur reste inchangé (117) et les aquarelles témoignent de ce désir de faire fi des conventions, de s'émanciper des codes d'un art convenu. Les dessins imaginaires sont loin de ces tableaux hardis et imaginatifs, comme si seule la concrétisation permettait paradoxalement une telle liberté d'expression. Les six dessins « idéaux » ou « idéels » ouvrent un espace artistique encadré par une forme d'art patriarcal qui impose ses modèles et ses codes. Dans un ouvrage intitulé *The Daughters of England, Their Position in Society, Character and Responsibilities,* Mrs Ellis remarque : « it was not an object of desirable attainment that they [women] should study the art of painting to this extent[1] » (au point de devenir artistes). Jane n'en est qu'à la phase féminine, d'imitation, qui se prolonge en fait jusqu'à la fin du roman, exception faite de ces aquarelles qui apparaissent comme excursion ou incursion explosive dans le royaume de la création originale, parenthèse excentrique, voire exorbitante. Quand Jane retourne à Gateshead, elle dessine quelques vignettes de paysages, qui sont à la croisée de ses premiers dessins imaginaires et des aquarelles, tout en restant dans les limites de « l'art correct » : ni la mer, ni la tête de la naïade ne sont é-normes, et dans ce cas, Jane peint comme elle joue du piano pour son « plaisir et sa distraction ». Quant aux portraits et miniatures, même s'ils sont à la mode de l'époque, ils sont néanmoins plus révélateurs de « l'intérieur », premier pas sur le chemin de la découverte de soi. En période de crise, Jane exécute un auto-portrait qui sert de repoussoir à la miniature en ivoire peaufinée de sa belle rivale Blanche Ingram, qui sert, pense-t-elle, de thérapie pour apaiser son esprit tourmenté, se rappeler sans cesse son infériorité physique de vilain petit canard. Peut-être est-ce aussi, plus profondément et plus subtilement, une stratégie de « déflation » d'une romance trop traditionnelle ou conventionnelle, comme si Blanche Ingram ne pouvait exister que par et dans cette miniature faite en l'absence du modèle, qui se trouve finalement prisonnier d'un cadre et réduit à une miniature jouant le rôle mortifère de la photographie. Le stéréotype culturel n'est qu'artifice et, comme contrepoint à une romance traditionnelle qui avorte, Charlotte Brontë écrit une histoire, une romance, plus réaliste, sans artifices ni illusions, s'effaçant (ou faisant mine de s'effacer) devant l'autre comme pour mieux s'imposer par la suite. Son talent de miniaturiste – art que Charlotte Brontë privilégiait en raison de sa myopie – ressurgit à Morton, lorsqu'elle fait un portrait de Rosamund Oliver, l'ancienne « flamme » de St John Rivers. L'enthousiasme du modèle témoigne de la réussite de l'entreprise. Pour ce qui est du portrait de Rochester peint à Gateshead, où Jane vient assister aux

1. *Ibid.*, p. 10.

derniers instants de sa tante, elle le réalise sous le coup d'une impulsion : « I fell to sketching a face » (261), l'indétermination de l'article soulignant que Jane obéit à une force qui la domine (écho de sa préface à *Wuthering Heights* où elle excuse sa sœur, et l'impossibilité pour elle de ne pas écrire ce qu'elle a écrit). Dans le cas de Jane, cette impulsion traduit l'intensité d'un désir qu'elle ne peut exprimer que sur papier. Le résultat la satisfait, puisque le portrait reproduit trait pour trait la description que Jane faisait de Rochester en chair et en os lors de leur première rencontre. Alexander et Sellars ont repéré ce goût victorien pour la peinture des visages et crânes :

> The many studies of heads and parts of the faces in fashionable drawing manuals often derived from the pages of Lavater's *Physiognomische Fragmente* illustrated by [his friend] Fuseli [...] her own experience in art lies at the basis of this analysis of character[1].

Comme Helen Huntingdon dans *The Tenant of Wildfell Hall,* qui peint un portrait de son bien-aimé, Jane exprime son désir secret sur le papier, et si ce genre d'activité était alors à la mode, voire cliché, il apparaît néanmoins aussi comme subversif d'un « genteel feminine work, as it opens a new aesthetic space for herself[2] » ; d'où la hâte que manifeste Jane pour dissimuler le portrait à ses cousines « beneath the other sheets » (262), enfouissant le secret, comme Lucy enterre les lettres de John Bretton. Helen Huntingdon utilise, quant à elle, l'envers de ses tableaux pour y peindre le visage aimé, témoin de ses désirs secrets et coupables (le promis n'a pas l'agrément de sa famille). Pour Jane, le portrait de Rochester l'aide à combler le fossé géographique qui les sépare – « I had a friend's face under my gaze » (262) – et lui permet du même coup d'entrer dans la phase de découverte de soi sous le couvert d'un mode d'expression en apparence conventionnel.

Dans la composition des aquarelles, on décèle plusieurs influences. Les images de mort, d'immensité, de solitude, découvertes chez Bewick se trouvent transformées sous le pinceau de Jane dans le troisième tableau :

> The third showed the pinnacle of an iceberg piercing a polar winter sky: a muster of northern lights reared their dim lances [...] – a colossal head, inclined towards the iceberg, and resting against it. Two thin hands, joined under the forehead, and supporting it, drew up before the lower features a sable veil: a brow quite bloodless, white as bone, and an eye hollow and

1. *Ibid.*, p. 28.
2. S. Gilbert et S. Gubar, *op. cit.*, p. 81.

> fixed, blank of meaning, but for the glassiness of despair, alone were visible. (157)

Ces images font écho aux « champs de glace » de l'Arctique. Dans *La Terre et les Rêveries de la Volonté*, Bachelard écrit, en substance, que le froid « est le plus grand interdit de l'imagination ». Paradoxalement, la vision de l'eau statique ou déchaînée enflamme l'imagination de Jane, comme si l'eau était la substance même du rêve éveillé. *Jane Eyre*, nous l'avons dit, est un conte d'hiver, « a mythos of Winter » pour reprendre la terminologie de Northrop Frye[1]. Les aquarelles fournissent une séquence intéressante qui rappellent le tableau de John Martin *The Last Man* (le titre est aussi celui d'un roman de Mary Shelley). Mais là aussi, comme pour les romans gothiques, Charlotte Brontë s'affranchit du modèle. Sa réponse à la question de Rochester : « Where did you get your copies? » « Out of my head » (157), souligne son originalité, écho à la préface à *Wuthering Heights :* « He wrought with a rude chisel, and from no model but the vision of his meditations ». Même si ces tableaux peuvent apparaître comme des fantaisies romantiques conventionnelles, ils ont aussi un rôle fonctionnel et symbolique. Le premier révèle la fascination de leur auteur pour la mer, déjà perçue par l'amie de Charlotte, Ellen Nussey, citée par Gaskell :

> The first reprensented clouds low and livid, rolling over a swollen sea: all the distance was in eclipse; so, too, was the foreground; or, rather, the nearest billows, for there was no land. One gleam of light lifted into relief a half-submerged mast, on which sat a cormorant, dark and large, with wings flecked with foam; its beak held a golden bracelet, set with gems, that I had touched with as brilliant tints as my palette could yield, and as glittering distinctness as my pencil could impart. (157)

Les métaphores de l'eau inondent le roman : le rêve que fait Jane après l'attaque de pyromanie de Bertha est un écho direct des tableaux : « I was tossed on a buoyant but unquiet sea, where billows of trouble rolled under surges of joy » (182), comme si le rêve pouvait apaiser, voire éteindre, les flammes. Le tableau respire la mort et les ténèbres. Le cormoran semble sortir tout droit de *Paradise Lost,* Satan tentateur, menaçant et triomphant : « The Middle Tree and highest there that grew, / Sat like a Cormorant; yet not true Life / Thereby regained, but sat desiring Death / To them who liv'd[2] ». Le cadavre du noyé

1. Northop Frye, *Anatomy of Criticism*, Penguin, London, 1957, p. 223.
2. John Milton, *Paradise Lost*, 1667-1674, Book IV, p. 194-198.

anticipe l'œil fixe de la tête colossale du troisième tableau ; ces dimensions excessives évoquent la créature de *Frankenstein* ou encore le spectre paternel qui, chez Milton, figure la mort. Satan, cherchant à sortir de l'Enfer, s'approche de ses portes (Gateshell) gardées d'un côté par le péché et de l'autre par la mort : « The patriarchal shadow is implicit even in the Father-hating gloom of hell[1] ». Le second tableau évoque une déesse-mère vengeresse ou une pré-vision de Bertha Rochester :

> [...] rising into the sky was a woman's shape to the bust, portrayed in tints as dusk and soft as I could combine. The dim forehead was crowned with a star; the lineaments below were seen as through the suffusion of vapour; the eyes shone dark and wild; the hair streamed shadowy, like a beamless cloud torn by storm or by electric travail. (157)

La narration de la mort spectaculaire de Bertha que fait l'aubergiste pourrait être la concrétisation de ce tableau : « She was a big woman, and had long black hair: we could see it streaming against the flames as she stood » (453). Cette vision de l'Étoile du Berger est encore empruntée à Milton. La question de Rochester sus-citée peut sembler ironique mais coïncide en fait avec la propre définition de Jane : l'art est thérapeutique, à la fois cathartique et curatif. Ses tableaux, même s'ils doivent beaucoup à la figure du père et maître Milton ou à d'autres artistes comme Fuseli ou Salvator Rosa n'en sont pas moins des créations originales comme en témoignent les questions réitérées de Rochester. Jane est entrée dans cette phase de découverte de soi, dans un espace féminin : « She probes psychological caverns and finds disquieting obsessions[2] ». Comme romancière, Charlotte Brontë avait écrit à George Henry Lewes, compagnon de George Eliot : « I cannot, when I write, think always of myself and what is elegant and charming in femininity; it is not in these terms, or with such ideas, that I ever took pen in hand[3] ». Du pinceau « pencil » à la plume, il n'y a qu'un pas, que je franchis. Les peintures de Jane ponctuent sa vie. Son itinéraire artistique suit son itinéraire géographique pour un Künstlerroman : « her response to Bewick's pictures, her picturesque copies at Lowood school, her prescient images [...] and her final view of nature [...] all chart Jane Eyre's state of mind at crucial stages in her life[4] ». Les peintures sont explicitement liées au rêve : « I dare say you did exist in a kind of artist's dreamland » (158). Si la réalisation déçoit ou trahit

1. S. Gilbert et S. Gubar, *op. cit.*, p. 357.
2. M. Allott, *op. cit.*, p. 203.
3. Clement Shorter, *The Brontës: Life and Letters,* II, London, 1908 p. 80.
4. C. Alexander and J. Sellars, *op. cit.*, p. 38.

l'artiste, Rochester loue pourtant ses talents par un euphémisme éloquent : « the drawings are, for a school-girl, peculiar » (158). C'est l'écolière de Lowood qui a ouvert ce nouvel espace esthétique – « a space of her own » – à la femme qu'est devenue Jane. On pourrait aussi lire *Jane Eyre* comme « Le portrait de l'artiste en jeune femme ».

« A Space of Jane's Own »

Anatomizing the text itself is to get to the gist of its critique[1].

La lecture de *Jane Eyre* comme texte post-colonial renvoie à une autre strate de la narration. Si le personnage de Rochester a été trouvé peu convaincant, témoin de la difficulté d'un écrivain féminin à créer des personnages masculins, il est néanmoins une mine pour la critique post-coloniale et féministe, les deux pouvant aisément se rejoindre, se fondre, dans le cas présent. Dans cette partie, je me référerai en particulier à l'article de Gayatri Chakravorty Spivak : « Three Women's texts and a Critique of Imperialism ». C'est bien sûr surtout au personnage de Bertha que s'intéresse Spivak, saisi dans son rapport (ou absence de rapport) avec Rochester, représentant de l'impérialisme britannique :

> [The figure of Bertha Mason is] produced by the axiomatics of imperialism. Through Bertha Mason, the white Jamaïcan Creole, Charlotte Brontë renders the human/animal frontier as acceptably indeterminate[2].

Et de citer le passage de la célèbre rencontre entre les deux épouses, l'une presque passée et l'autre presque à venir. Dans le couple Bertha/Rochester, c'est Bertha qui est la Bête et Rochester le Beau. Le lendemain du mariage désastre, Rochester, nous l'avons vu, fait à Jane le récit de sa vie, à commencer par le mariage avec Bertha. Rochester prétend avoir entendu et suivi la voix/voie de la raison en amenant Bertha en Angleterre : « It was true Wisdom that consoled me in that hour, and showed me the right path to follow » (335). Et Spivak de conclure, « Here the native "subject" is not almost an animal but rather the object of what might be termed the terrorism of the categorical imperative[3] ». Spivak utilise Kant et son concept d'impératif catégorique d'une loi morale universelle dictée par la raison. Bertha, la folle, la

1. L. Talairach, *op. cit.*, p. 5.
2. Gayatri C. Spivak, « Three Women's Texts And A Critique Of Imperialism », Critical Inquiry, 12, 1985, p. 801.
3. *Ibid.*, p. 802.

déraisonnable, est (nécessairement) étrangère, voire sauvage, comme Heathcliff, le noiraud, qui vient d'ailleurs : « it's as dark almost as if it came from the devil[1] », ou Dracula, autre « monster in the vessel » (336) ; Bertha, comme Dracula, n'ayant jamais un accès direct à la parole, jamais voix au chapitre. La beauté fatale de Bertha, dont la chevelure est une crinière noire – « a quantity of dark, grizzled hair, *wild* as a mane » (321 ; mes italiques) – est renforcée par son exotisme. Exotisme et érotisme font la paire. Et sa dupe, Rochester, revendique le droit à la vengeance. Victime des machinations d'un père et d'un frère aîné, à qui, selon la loi, revient l'héritage, condamnant ainsi le cadet à faire fortune autrement et ailleurs, Rochester s'en prend à Bertha, qu'il a « sous la main ». Cent trente ans après la publication de *Jane Eyre*, Jean Rhys, née à la Dominique, et hantée par la figure de Bertha Rochester s'emploie à réhabiliter la folle dans son roman *Wide Sargasso Sea,* publié en 1966, à l'extraire du silence qui fait sa folie :

> Jean Rhys keeps Bertha's humanity, indeed her sanity as critic of imperialism, intact [...] Rhys suggests that so intimate a thing as personal and human identity [her/story] might be determined by the politics of imperialism [His/tory][3]. (mes parenthèses)

Antoinette/Bertha est dans cet entre-deux, ni blanche ni noire, « between the English imperialist and the black native[2] ». L'amie d'enfance d'Antoinette, Tia, la traite de « White cockroach » et lui jette, littéralement, la pierre (écho de la scène où Master John Reed lance un livre à la tête de Jane), lors de l'incendie qui ravage Coulibri, la demeure des Blancs. Dans *Jane Eyre*, Bertha est l'Autre, autant que la créature de *Frankenstein* (sur lequel Spivak appuie aussi son étude, autant que sur *Dracula*) :

> an alien legal system masquerading as Law as such, an alien ideology established as only Truth, and a set of human sciences busy establishing the "native" as self-consolidating other[3].

Et, comme le dit en substance Cixous, l'autre n'est là que pour disparaître en tant qu'autre. Plasa parle de « unstable signifier of otherness[4] ». Le droit à l'altérité est refusé à Bertha au nom d'un credo en un Absolu Blanc, Victorien, Anglais. Bertha est folle parce qu'elle est d'ailleurs, d'un ailleurs trop éloigné pour que la (re)connaissance puisse s'opérer. Pour Rochester, dans *Wide Sargasso Sea*, l'île est un lieu où l'on se perd, corps et âme, d'où ont disparu tous les repères d'un

1. E. Brontë, *Wuthering Heights*, Penguin Classics, 1985 (1847), p. 77.
2. G.C. Spivak, *op. cit.,* p. 804.
3. *Ibid.,* p. 801.
4. Carl Plasa, *op. cit.*, p. 61.

homme blanc/civilisé. Rochester s'égare, symboliquement, dans la forêt. Le fossé est trop profond et le mal est nécessairement ce qui est de l'autre côté : Bertha est créole et femme. Le lendemain du mariage manqué, Rochester raconte à Jane sa vie passée à Paris avec, entre autres, Céline Varens, mère de la jeune Adèle, autre Eve/Evil, venue d'ailleurs (même si l'ailleurs est plus proche). Rochester fera payer dilatoirement à sa fille – Céline miniaturisée, qu'il méprise et réifie à loisir – les fautes de sa mère : « The sins of the mothers will be visited upon their daughters », « This doll » (175). Jane, au contraire, prêche l'indulgence à l'égard d'Adèle : « Adèle is not answerable for either her mother's faults or yours » (176). Rochester est à la fois tyran domestique et colonial.

L'impérialisme est nécessairement xénophobe et Bertha ne peut qu'être folle. Sa folie parviendrait en tous cas à justifier xénophobie et impérialisme. Bertha subit d'ailleurs un « processus d'inflation », qui justifie le rejet : « the blackened inflation of the lineaments! » (311). Bertha est noircie, de corps et d'âme, « a stereotyped figure of excess, [...] Bertha is both locked up in an attic and caught in the strictures of ideological representations, in the straitjacket of Rochester's one-sided and embedded narrative[1] ».

L'étranger, surtout de couleur, (et s'il ne l'est pas, il le devient sous l'œil – mâle – du « colon ») est inférieur. Il n'est que de citer *Robinson Crusoe* où Vendredi, ainsi baptisé par son maître (écho de Rochester qui rebaptise Antoinette Bertha dans *Wide Sargasso Sea*, ou des maîtres de maison qui rebaptisaient leurs domestiques), s'aplatit littéralement devant lui et pose le pied de Robinson sur sa propre tête, reconnaissant très explicitement la supériorité du blanc qui lui a, de surcroît, sauvé la vie. Pour Vendredi, Robinson est un Dieu. Et Rochester, l'idole de Jane – « I could not in those days, see God for His creature: of whom I had made an idol » (302) – a comme Dieu le pouvoir de nommer ou de renommer. La transformation d'Antoinette en Bertha coïncide, selon Jean Rhys, avec la naissance de la folie et de la tragédie. La beauté torride de Bertha, en accord avec l'exotisme exubérant de l'île, était bien fatale et méritait – Rochester n'a aucun doute – l'incarcération. Dans son récit à Jane, il compare Bertha Rochester à Blanche Ingram, sa promise officielle, pour leur beauté : « Miss Mason was the boast of Spanish Town for her beauty: and this was no lie. I found her a fine woman, in the style of Blanche Ingram: tall, dark and majestic » (332). Blanche est la version présentable de la folle,

1. S. Maurel, « Across the "Wide Sargasso Sea": Jean Rhys's Revision of Charlotte Brontë's Eurocentric Gothic », Commonwealth, vol. 24, n°2, Presses Universitaires de Dijon, Spring 2002, p. 108.

monstre que son étymologie ne « performe » pas, puisqu'elle est immontrable. Avec Blanche Ingram, Rochester joue le jeu de l'amour. Trois scènes sont révélatrices à cet égard : la scène au piano, le jeu de charades et le déguisement, ces deux dernières ressortissant justement du masque, du leurre. Le déguisement de Rochester donne à lire une succession d'identités, de rôles : amant, séducteur, aventurier, Sultan de harem. Rochester est, dit Bernadette Bertrandias, un mutant. Blanche le voit en Corsaire. Ses désirs tout byroniens restent cependant de l'ordre – prudent/frileux – du discours, voire du cliché :

> [...] I like Black Bothwell better: to my mind a man is nothing without a spice of the devil in him; and history may say what it will of James Hepburn, but I have a notion he was just the sort of wild, fierce bandit hero whom I could have consented to gift with my hand. (207-208)

> Miss Ingram in her admiration for Corsairs, Italian bandits, highwaymen, and Levantine pirates (an obvious affectation) is the young lady of the age registering her interesting sympathy with Byron's heroes. This age lasted a long time - Jane Austen in *Persuasion* (1818) had early noted the inroads made by the vogue even on a naval officer (Captain Benwick, whose courtship is conducted through the new poetry); Trollope in *The Last Chronicles of Barset* (1867) shows the rather vulgar daughter of a London solicitor complaining, like Blanche Ingram, about not having Corsairs and Giaours as lovers instead of the tame youths who come courting; the cult of the Byronic had evidently gone down-hill socially[1].

La scène entre Rochester et Blanche est « a battle of wits » à la Shakespeare, ce qui vient renforcer la métaphore théâtrale. Dans le jeu de charades, Rochester, le prisonnier, anticipe/répète ce qui sera son destin d'enterré vivant à Ferndean. Le mariage est un puits – « well » – de souffrances et peut-être Jane échappe-t-elle de justesse, une première fois, à un sort peu enviable. Bridewell, la prison de Londres, serait la représentation des liens conjugaux, ceux de Rochester et de Bertha. Ici, contrairement à la tradition victorienne, c'est l'homme qui est enchaîné. Comme le dit en substance Bernadette Bertrandias, « Rochester est une figure hors code » et hors genre (la scène de la diseuse de bonne aventure est encore plus signifiante à cet égard). Rochester y joue le rôle de l'oracle, personnage asexué, brouillant les repères identitaires et les pistes. Le déguisement de Rochester est cependant transparent pour l'œil perspicace de Jane, qui l'avait déjà

1. *Jane Eyre*, note au chapitre 17, p. 484-485.

reconnu sous les traits du prisonnier. Le masque, dit B. Bertrandias, lève le masque. Si Rochester est l'initiateur du jeu dont il tire les ficelles et joue le rôle principal, c'est à Jane qu'il appartient de le démasquer dans le chapitre suivant (226-227, 231), même s'il l'y aide en mettant un terme au jeu : « The play is played out » (230). Le rideau tombe, comme les vêtements d'emprunt, comme ceux de la fausse nonne dans *Villette*. Le thème du déguisement y est repris à des fins parodico-gothiques (dans l'épisode de la nonne), mais aussi pour souligner le brouillage des codes et des genres, lorsque Lucy se déguise en homme pour la pièce de théâtre, telle un acteur shakespearien inversé. On assiste, comme le dit à juste titre Bernadette Bertrandias, à une subversion de l'assignation des genres, qui préfigure la fin du roman, elle-même reprise et développement de la scène de rencontre entre les deux héros. Les scènes de déguisement, abîmées dans un texte où la métaphore théâtrale est de mise, surtout dans la séquence de Thornfield, sont aussi une intrusion du bio dans la graphie. Toutes les biographies des Brontë, de Gaskell à Barker[1], racontent les habitudes familiales où le père demandait aux enfants de porter un masque afin de parler plus librement, loin des inhibitions de l'exposition. Rochester n'aurait sans doute jamais tenu à Jane les propos sus-cités, eût-il été « à découvert ». Le vêtement voile le corps et dévoile la pensée, mais ce passage par le déguisement, qui est de l'ordre du ludique dans les cas précédemment analysés, relève du leurre pour ce qui est de Bertha, elle-même étant d'ailleurs vue comme masque (322). Bertha est ensevelie, cachée dans les hauteurs des combles : « The glamour of inexperience is over your eyes » (244) dit Rochester, qui y est pourtant pour quelque chose : « Concealing the mad woman's neighbourhood from you, however, was something like covering a child with a cloak » (328). Si Rochester joue avec Blanche Ingram le jeu de l'amour, elle s'y prête volontiers, reprenant à son compte les clichés amoureux de l'époque, d'où, peut-être, le commentaire à la fois lucide mais partial de Jane : « *she could not charm him* » (215 ; les italiques sont de l'auteur). Blanche Ingram est prisonnière d'un carcan social où l'on méprise les gouvernantes, forcément méprisables, à leurs yeux et à leur barbe, comme la bourgeoisie se plaint – nécessairement aussi – de ses domestiques. Blanche Ingram est dans le moule et voit en Rochester un parti intéressant financièrement – « matrimony is a matter of money » – qu'il cesse d'être dès qu'il fait courir la rumeur inverse. Comme elle méprise les gouvernantes, elle méprise aussi la jeune Adèle, poids éventuel dans sa future vie conjugale avec Rochester : « You should have sent her to school » (205).

1. Juliet Barker, *The Brontës*, Phoenix Giants, London, 1994.

> My dearest, don't mention governesses; the word makes me nervous. I have suffered a martyrdom from their incompetency and caprice. I thank Heaven I have now done with them! (206)

La jeune Adèle, sorte de baby doll, (170) dont on a sous-entendu qu'elle pourrait être la fille de Rochester, ressemble trop à sa mère qui l'a trahi pour espérer se faire aimer de ce dernier : « I told you I would send Adèle to school; and what do I want with a child for a companion, and not my own child – a French dancer's bastard? Why do you importune me about her! » (329). Adèle a de la France tous les défauts : frivole, coquette, jouant à la perfection le rôle stéréotypé de la fillette. Lorsque Rochester revient à Thornfield après une longue absence, « the presents he has brought to his ward have a view to changing Adèle into a ghost-like miniature of her own mother[1] », « a miniature of Céline Varens », doublement réifiée. L. Talairach analyse le cadeau de Rochester comme révélateur de sa capacité à changer les petites filles ou les femmes en figures mortes du passé « to renew his macabre cabinet of curios[2] ». Le cadeau ne fait que flatter les propensions d'Adèle, l'enfermant dans un rôle pour lequel elle semble prédisposée Mais comme le dit justement L. Talairach, le cadeau, nous l'avons déjà souligné, révèle aussi les dispositions de Rochester, vivisecteur d'Adèle, dont il dissèque la vanité : « Rochester seeks to dissect the little girl's vanity, so as to show, to quote his own words, how coquetry "runs in her blood, blends with her brains, and seasons the marrow of her bones"[3] (170) ». Rochester est ici un autre Brocklehurst, un ogre dévorateur. Lorsqu'Adèle ouvre sa boîte, le commentaire de Rochester renforce l'analyse précédente : il se livre à une anatomie critique de l'objet Adèle, avide de démembrer le corps et l'esprit de la « petite femme ». Le discours de Rochester qui prévient Adèle contre des tendances chirurgicales, ne fait que souligner, par projection, les siennes propres. Adèle, vue par Rochester, n'est qu'une poupée sans cervelle, dont le sort pourrait bien être aussi peu enviable que celui de sa mère ou de l'Autre, enterrée vivante à Thornfield. L. Talairach insiste sur les ressemblances entre toutes ces femmes, confinées par une société patriarcale, impuissantes. L'histoire ne serait que répétition, « the story of the third storey », et l'héroïne, riche ou sans le sou, serait destinée à finir en pâtée sur la table du vivisecteur. Il n'y a que Jane pour y échapper, malgré le danger frôlé lors de la première tentative de mariage. Jane, dont la narration n'exclut pas Adèle (et qui rappelle même le lecteur à l'ordre en fin de roman), devenue double d'elle-

1. L. Talairach, *art. cit.*, p. 8.
2. *Ibid.*
3. *Ibid.*

même, jeune pensionnaire à Lowood, « the emblem of my past life » (314), d'autant qu'elle se convertit à l'anglitude, correctrice de ses défauts d'origine (475). Charlotte Brontë ou sa narratrice, que l'on serait ici tenté de confondre, n'échappe pas aux préjugés ambiants. Le mal, quelle qu'en soit la forme, vient bien d'ailleurs. Rochester transplante la fleur – métaphore courante pour les personnages de femmes, comme celui d'Elizabeth dans *Frankenstein* (où les femmes n'ont guère le beau rôle, voire pas de rôle du tout) – en Angleterre pour qu'elle y pousse « droit » (176). La dichotomie ville/campagne, héritage du XVIIIe siècle, établit la première comme siège du vice. Grâce à Jane, Adèle échappe pourtant à une totale réification, sans toutefois avoir droit au statut de sujet digne de ce nom. Les passifs abondent à son endroit : « Adèle when lifted in, commenced kissing me, by way of expressing her gratitude for my intercession: she was instantly stowed away into a corner on the other side of him » (294). Adèle est un « lapdog » (295) alors que Pilot, le chien de Rochester, ressemblant davantage à son maître, est plus proche de l'humain : « Pilot is more like me than she » (176). Rochester rejette une paternité qui le dérange, refusant de voir en la fillette autre chose qu'une copie de sa mère, un simulacre, et étendant la ressemblance physique aux défauts de l'esprit. À la fin du roman, la narratrice interpelle une fois encore le lecteur, son compagnon de route, attirant son attention sur Adèle, en soulignant du même coup l'insignifiance du personnage : « You have not quite forgotten little Adèle, have you, reader? » (475), lui reprochant presque ce que, sans ce rappel à l'ordre, il aurait naturellement pu faire et qu'elle, narratrice consciencieuse, ne peut se permettre. Adèle n'est pas une quantité aussi négligeable qu'on pourrait le croire, et c'est bien grâce à elle que Jane a pu rencontrer Rochester, et si elle n'a pas les capacités de son modèle, Jane ne cesse cependant de louer ses qualités de cœur, sa loyauté et sa fidélité, qui viennent racheter la trahison de sa mère. À l'égard d'Adèle, Rochester alterne entre indifférence et sévérité, rejetant les avances de la fillette qui essaie de se faire aimer sans succès. La critique s'est rarement intéressée au sort d'Adèle, comme si elle cautionnait l'attitude de Rochester, invitée aussi dans ce choix par l'espace textuel réduit qui lui est dévolu[1]. Le personnage n'a bien sûr d'intérêt que saisi dans son rapport avec Rochester ou Jane, et surtout avec le premier, dans une perspective féministe. Rochester n'a que mépris pour cette miniature de Céline, dont il n'essaie pas d'atténuer ou de corriger les défauts, comme pour mieux justifier son mépris à l'égard d'une vanité qu'il étend à la gent féminine. Le

1. Nous citerons néanmoins le roman de Emma Tenant, *Adèle, Jane Eyre's Hidden Story* Harper Collins, New York, 2002.

credo shakespearien « fair is foul » fait mouche avec Rochester. Dans sa narration à Jane (338), il établit une liste de ses anciennes maîtresses, dont les prénoms mêmes, à consonnance italienne – Giacinta, Clara (pourtant allemande) – souligne une interchangeabilité qui a de quoi hérisser le poil des féministes. Une maîtresse peut en cacher une autre : « I tired of her », ou encore : « to get recently rid of her », autant d'objets usés, de « commodities » dont on dispose. Rochester égrène ces femmes, comme les perles d'un chapelet sacrilège. Il lui suffit de payer pour « avoir la paix », ce qu'il fit avec Clara, qu'il fera avec la jeune Adèle, envoyée au pensionnat pour « débarrasser le plancher ». Rochester convient d'ailleurs : « Hiring a mistress is the next worse thing to buying a slave » (339), argument qui ne peut guère encourager Jane, préférant rester l'exception, « bénie entre toutes les femmes ». « Brontë appears to displace the blame for Rochester's Eastern tendencies on the intrusion of this "Eastern" woman into his Western life[1] ». Peu de temps avant le mariage, Rochester l'emmène à Millcote pour la déguiser en une Mrs Rochester en qui elle ne se reconnaît pas : « a robed and veiled figure so unlike my usual self [...] one Jane Rochester » (315). L'indétermination même du pronom souligne le peu d'adéquation entre Jane et son image. Si les miroirs sont souvent des traîtres, il se peut bien que celui-ci, comme dans *Blanche Neige*, lui révèle une vérité cachée, voilée : il ne faut pas que Jane devienne Mrs Rochester, puisque la place est déjà prise. La robe elle-même, avant que Jane ne la porte, ressemble davantage à un suaire – « a wraith-like apparel » (303) – au drap blanc dans lequel Bertha est apparue à Jane pour la première fois : « whether gown, sheet or shroud, I couldn't tell » (311). Habit non plus définissable que celle qui le porte, gommant la frontière entre les vivants et les morts, le masculin et le féminin. Comme le dit L. Talairach :

> The Bluebeard textual layer directs the narrative less towards the secret of sex and male sexual guilt than towards a reading of the story of woman's fate in marriage. The murdered wives hanging on the ceiling, dripping blood, hint at the fate of the newly wedded bride, mirroring her own position and pointing at her future: the horror story of femininity in a patriarchal society. Through her rewriting of Gothic motifs of death, dread and boundlessness, of frightful timeless figures, Charlotte Brontë creates a world of ghostlike women, a chapelet of potential corpses all hanging in the attic [...] and waiting their doom[2].

---

1. Joyce Zonana in *Post-Colonial Theory and English Literature, A Reader*, Edinburgh University Press, Peter Childs, Edinburgh, 1999, p. 168-181.
2. L. Talairach, *art. cit.*, p. 10.

Dans le passage sus-cité où Rochester emmène Jane à Millcote avec Adèle, il la transforme en fée, en poupée, en ange, mais jamais en épouse pouvant prétendre à l'égalité pourtant toujours revendiquée. Jane proteste contre cette avalanche de cadeaux de Rochester au point de souhaiter – ironie dramatique oblige – un répit, un report, un sursis (du mariage comme Bridewell), idée réaffirmée la veille du mariage « One Jane Rochester, a person whom as yet I knew not » (303). Le glas a sonné et c'est pour Jane qu'il sonne. Jane s'insurge, refusant d'être l'ange que Rochester veut qu'elle soit, la privant ainsi de sexe, de parole, de vie : « "I am not an angel," I asserted; "and I will not be one till I die: I will be myself" » (288). Jane va jusqu'à affirmer qu'entre ange et « a thing » elle choisirait « the thing » (291), (qui l'identifie pourtant à Bertha et que Plasa, dans son analyse, voit comme le statut de l'esclave par excellence) comme si de deux mots/maux, il fallait choisir le moindre. Comme Rochester, d'ailleurs, qui trouve en Jane une anti-Céline, vivant aux dépens de celui qui l'écoutait, Jane affirme préférer la brusquerie, voire la rudesse à la flatterie. La comparaison avec Céline Varens, assaillie elle aussi de présents par Rochester (172), exaspère Jane qui voit dans toute la démarche un processus de réification à l'œuvre : « I never can bear being dressed like a doll by Mr Rochester » (297). L'heure passée à lui acheter des vêtements est qualifiée de « harassing » (proche du « harassment » sexuel ?). Jane en objet sexuel n'est plus Jane et le processus de « réification-cum-passivisation » provoque une réaction d'intention qui se verra par la suite réalisée dans la diégèse : « I will write to Madeira » (297) permettant à Jane d'affirmer enfin, et à tous égards, sa parité avec Rochester. Cependant Jane ne se donne pas entièrement droit à la parole avec Rochester :

> As a matter of fact, woman's various situations in marriage are encapsulated in the passage when Rochester carries Jane to Millcote to buy her clothes for her wedding. Jane rebels against her powerlessness and uses the word "doll", which recalls Adèle and her mother, then alludes to the Sultan figure, which both hints at Blanche during the charade episode and at Bertha's exotic origins[1].

Si elle utilise une parole édulcorée, euphémisée, métaphorique ou ironique, il n'en est pas moins vrai qu'elle (et derrière elle sa créatrice) est sensible à la position des femmes : « feminism is complicitous with imperialism[2] ». Jane n'est ni ange (on a vu comment finissait Helen Burns) ni poupée (Céline Varens ne finit sans doute guère mieux) ni

---

1. *Ibid.*, p. 9, note 10.
2. C. Plasa, *op. cit.*, p. 154, note 14.

un objet passif entre les mains d'un Rochester représentant d'une tyrannie patriarcale – « a despot » (298) – dont la générosité débridée est l'une des caractéristiques :

> [the veil] purchased in London with "princely extravagance" for a reluctant bride, consequently functions as an oblique token for slavery, the source from which Rochester's "English gold" - like Jane's own inheritance - derives[1].

Mais il lui faudra tout le roman, ou peu s'en faut, pour affirmer enfin son identité : « I am Jane Eyre » (459), « The language of mastery and enslavement dominates the novel[2] ». Jane, sur le point de quitter Lowood, ne dit-elle pas : « Grant me at least a new servitude! » (117), et plus loin : « I'd give my life to serve you » (232). Mais dans *Jane Eyre,* dont Plasa souligne l'ambiguïté, on passe du colonial au domestique auquel s'appliquent les métaphores, à tel point, dit-il, qu'une partie de la critique féministe récente, pour pertinente qu'elle soit, refuse (elle aussi, ironiquement) à Bertha le statut de personnage/sujet à part entière puiqu'elle n'est perçue que comme le double obscur de Jane ou de Blanche Ingram, voire l'épitomé des instincts débridés de Rochester, un ça fou. Bertha, l'Autre qui est d'Ailleurs, est la représentante des noirs, sauvage :

> Bertha is a figure for the very literality (colonialism) that Jane exploits as a figurative system through which self-representation is facilitated: Bertha stands in, in other words, for the "rebel" or "revolted slave" to whom Jane systematically likens herself [3].

Le problème de l'esclavage est déplacé à la sphère domestique ou vers l'Oriental (qui devient l'oppresseur et « vole la vedette » au colon anglais) : « The novel compares him to a Sultan, rather than to a white-skinned English slave-master[4] ». Dans le jeu de charades, Rochester se déguise en émir :

> Seated on the carpet, by the side of this basin, was seen Mr Rochester, costumed in shawl, with a turban on his head. His dark eyes and swarthy skin and Paynim features suited the costume exactly: he looked the very model of an Eastern emir. (212)

Rochester lui-même, en prince, sinon charmant, du moins riche, de s'exclamer, à la veille du mariage avec Jane : « I would not exchange

1. *Ibid.*, p. 72.
2. *Ibid.*, p. 65.
3. *Ibid.*, p. 74.
4. Susan L. Meyer in *Post-Colonial Theory and English Literature: A Reader,* Peter Childs, Edinburgh University Press, 1999, p. 157.

this one little English girl for the Grand Turk's whole seraglio – gazelle-eyes, houri forms, and all! » (297).

> *Jane Eyre*, like so many nineteenth century British texts, has a diffusely orientalist background [...] for the most part attributed to the influence of the *Arabian Nights*, a book known to have been a staple of the Brontës childhood reading[1].

À Gateshead déjà, où Jane, « cross-legged, like a Turk » (39) lit aussi les *Arabian Nights*, John Reed insiste sur le titre de « Master », plus tard spontanément adopté pour Rochester. Le dernier « maître » de Jane est St John Rivers, qui veut partir en Inde avec elle pour évangéliser les indigènes, actualisation possible de sa boutade à Rochester : « I'll be preparing myself to go out as missionary to preach liberty to them that are enslaved » (297). Jane résiste pourtant au despotisme de St John, (qui, en dépit de sa religion, ressemble à s'y méprendre à un tyran oriental) craignant de griller à petit feu à Calcutta (441), écho d'une autre boutade à Rochester : « I had as good a right to die when my time came as he had: but I should bide that time, and not be hurried away in a suttee » (301). Jane n'a pas l'âme d'une esclave, prête au sacrifice – l'agneau de Rochester est moins docile qu'il ne le pense – et son histoire est celle d'une lutte pour la liberté et l'affirmation individuelles.

« A Vindication of the Rights of Jane »

Dans le premier chapitre, Jane se rebelle contre son cousin John Reed, tyran en herbe qu'elle méprise et trouve physiquement disgracieux. John Reed vient la débusquer, la traquer dans son isolement faste et lui lance un livre à la tête, geste auquel elle riposte par des insultes signifiantes : « Slave-driver, Roman Emperor » (42). C'est dans ses lectures, inconnues de l'ennemi inculte que puise Jane : « Rome, tyranny, superstition and ignorance, are all implied at Gateshead[2] ». La culture vient à la rescousse et compense en partie son infériorité physique. La révolte a beau n'être que verbale, elle n'en vaut pas moins à Jane le châtiment que l'on sait : toute rébellion féminine mérite incarcération. Karen Chase analyse *Jane Eyre* en termes/schèmes alternatifs d'emprisonnement et de libération. L'enfermement dans la chambre rouge préfigure celui de Bertha. Les lectures féministes ont tendance – je rejoins Plasa – à réduire Bertha à un double monstrueux, boursouflé (« inflated ») de Jane, lui refusant, comme « les

1. J. Zonana, *Ibid.*, p. 170.
2. E. Imlay, *op. cit.*, p. 82.

autres » le statut de personnage à part entière, comme Victor Frankenstein avec sa créature, qu'il affuble de quantité de noms ou pro/noms comme pour pallier l'innomable « it », « thing », etc.

> Bertha is overdetermined; as the "central locus of Brontë's anxieties about oppression" and as the spark for the redemptive fire that clears the way for Jane's fulfillment, she serves to focus a number of different systems of figuration that structure the novel[1].

À Gateshead, les servantes elles-mêmes s'indignent devant l'audace de Jane qui ose s'en prendre à Master Reed, futur maître de la maison, et les torts sont nécessairement du côté de Jane, l'orpheline, la pauvre. John Reed est le fils unique et chéri d'une Mrs Reed dont il dilapidera la fortune, et qui le défend bec et ongles contre les attaques d'une enfant qu'une promesse à un mari mourant la contraint à élever, mais qu'elle n'aime pas et qui le lui rend bien. La déclaration à une Mrs Reed médusée, qui avouera à Jane sur son lit de mort que personne ne lui avait jamais parlé de la sorte, a des allures de « Vindication of the Rights of a girl » et l'accusation ultérieure de Brocklehurst est d'autant plus infondée et ironique :

> *Speak* I must: I had been trodden on severely, and *must* turn: [...] I declare I do not love you: I dislike you the worst of anybody in the world except John Reed (68).

Pour Mrs Reed, ces paroles jamais oubliées font de Jane le monstre qu'elle veut qu'elle soit, justifiant ainsi (comme pour Rochester, Bertha) sa haine et son dégoût : « She talked to me once like something mad or like a fiend » (260), renvoyant Jane au doute qui la taraude : « Am I a monster? » (293). Mrs Reed prive Jane de son droit à l'enfance parce qu'elle n'est pas une enfant comme les autres : « No child ever spoke or looked as she did » (260). Jane n'est pas une petite Reed, mais le vilain petit canard, intrus dans la couvée. La différence est perçue comme menace et comme pour mieux justifier sa méfiance, Mrs Reed ne fait que l'accentuer dans une démarche qui évoque celle de Hindley vis-à-vis de Heathcliff dans *Wuthering Heights*. Mrs Reed est bien la marâtre des contes de fées, *du Petit Poucet,* de *Blanche Neige* ou de *Cendrillon* et la chambre rouge une version de la forêt où l'on tâche de perdre l'intruse – « You wish me dead » (60) lui dit Jane avec une intuition dont elle ne mesure peut-être pas toute la pertinence. Mais pas plus que Bertha dans son grenier, Jane n'est prête à se faire oublier. Elle appelle à l'aide pour sortir de la chambre. Un vent de rébellion

1. J. Zonana, *op. cit.*, p. 178.

souffle sur Gateshead et Thornfield : les signifiants *mutiny, rebel, revolted slave* se répètent.

La rébellion passe par la sexualité, comme le sous-entend Rochester dans sa narration à Jane. Bertha est punie pour ses désirs sexuels parce que la femme victorienne n'y a pas droit, et devient folle si elle y succombe. La Lucy de *Dracula* est l'épitomé d'une sexualité déchaînée, seule femme sexuelle du roman, mais seulement une fois qu'elle a franchi la barrière entre les vivants et les morts, et est devenue vampire. La « mise au pieu » de Lucy par son fiancé Arthur montre la jouissance de l'homme à mettre fin à celle de la femme : mieux vaut Lucy morte que sexuelle, invitant hardiment Arthur à « venir » : « Come to me, Arthur. [...] come[1] ». Rochester, pour sa part, reproche à Bertha son langage, qui l'autorise, lui semble-t-il, à la traiter, lui, de tous les noms : « Hag, fierce ragout, harlot », comme pour pallier l'innommable. Bertha est tout sauf une femme et Jane elle-même n'essaie pas de voir la femme sous la folle, mais, lorsqu'on la lui présente, voit une « hyène en jupons », un animal de cirque qui refuse d'obéir à son dompteur. La mégère n'est pas apprivoisée ni apprivoisable, puisqu'elle se jette sur son maître, tentant de le saigner comme elle l'a fait avec Mason : même ennemi, même combat. C'est à Grace Poole, la représentante publique de la folle, dont on dit à Jane qu'elle l'est pour ne pas révéler pire, qu'est confiée la charge de Bertha : « Grace Poole recurrently figures, in Jane's bewildered view, as a stand-in for Bertha as the agent of domestic violence[2] ». Gilbert et Gubar parlent de « the dark pool of her behaviour ». Grace est un mystère pour Jane, qui, lorsqu'elle la rencontre pour la première fois, se permet elle aussi un commentaire humoristique : « I really didn't expect any Grace to answer » (138). Grace n'a de « grâce » que le nom. Embauchée par Rochester pour veiller sur la folle, elle ne s'acquitte pas toujours bien de la tâche, trouvant dans l'alcool la compensation à une compagnie défaillante qui lui vaut sa solitude. « Grace goes in and out of the kitchen and setting her domestic duties into pace by uncanny monosyllables[3] ». Comme le cheval qui fait tourner la roue, Grace est l'épitomé de l'ennui qui règle l'existence des femmes. Et Laurence Talairach de conclure :

> Brontë may well hint at the fact that the recycling of genres might also be turned into a metatextual mirror: entrapping women's stories into a genre to mimic the repetitive and boring lives of domestic women[4].

1. Brown Stoker, *Dracula*, Penguin, London, 1984 (1897), p. 253.
2. C. Plasa, *op. cit.* p. 70.
3. L. Talairach, *art. cit.*, p. 4.
4. *Ibid.*, p. 5.

Geôlière et prisonnière sont dans le même grenier. Lorsque, à la suite de la cérémonie brisée, le cortège monte au grenier, Grace Poole, sorte de « remake » des sorcières de *Macbeth*, s'agite sur son chaudron (321), avant de prévenir l'assemblée du danger qui la guette. C'est encore elle qui vient à la rescousse, tendant à Rochester la corde pour lier la folle, comme les servantes de Gateshead avaient dompté Jane, la rebelle, à l'aide de jarretières. Les femmes sont bien les exécutrices des ordres patriarcaux – « Remember directions! » (139) – ou des ordres de l'autorité que donne la position sociale (comme dans le cas de Mrs Reed).

Grace est une autre de ces figures émissaires, comme Mrs Fairfax, à qui l'on impose un silence cher payé, dans une littéralisation du proverbe : « le silence est d'or ». Rochester, envisageant l'avenir sans Jane, est sûr, par contre, de conserver les services de Grace en les payant suffisamment : « Grace will do much for money » (328). Mrs Fairfax avertit Grace Poole que trop de bruit ne vaut rien : « Too much noise » (139). On peut acheter les femmes, et même leur silence. Le monde de Thornfield est un monde de femmes cloîtrées, dont les pouvoirs se limitent à un terrain très réduit, et bien balisé. Bertha se rebelle avec « les moyens du bord », les seuls qu'il lui reste, contre la tyrannie patriarcale. Au contraire, la visite à Jane la veille du mariage aurait rôle d'avertissement à une consœur prête à commettre l'erreur et à tomber dans le puits/gouffre du mariage, dans les filets du dompteur, au risque de se perdre. Bertha d'ailleurs, n'attente pas à la vie de Jane, mais s'en prend seulement à son voile, comme pour le lever sur ses illusions.

À l'issue du mariage manqué, Jane quitte Rochester, brandissant le respect de soi comme l'arme suprême. En dépit des déclarations d'amour passionnées d'un Rochester à genoux, Jane ne cédera pas à la tentation. Le chantage émotionnel auquel il se livre met Jane à la torture, tiraillée entre raison et passion. Rochester peint à Jane, dans un discours grandiloquent qui ne recule pas devant l'hyperbole et l'inversion, le tableau de sa vie sans elle, lié à un « cadavre », enterré vivant (comme il le sera en effet à Ferndean) ou prêt à reprendre la vie de débauche qu'il menait avant la rencontre avec Jane, symbole de pureté et d'innocence : « Then you condemn me to live wretched, and to die accursed? [...] You fling me back on lust for a passion – vice for an occupation? » (342). Jane, lui dit-il, est la seule à pouvoir élever une âme rompue au vice et cohabitant avec le diable. Rochester recourt aux arguments religieux et moraux susceptibles d'ébranler Jane, qui, en cas de refus, se rendrait coupable du crime de non-assistance à personne en danger. En dépit de sa frénésie et de l'intensité d'un désir qu'il lui faudra dompter, Rochester perçoit qu'il perd du terrain face à une Jane « oxymorique » à la fois frêle et indomptable, roseau qui ne rompt point, mais quitte un maître dont l'ascendant n'est plus reconnu. À l'excès succède la prière, – « Oh, Jane », – et le regard implorant, plus efficaces, mais trop tardifs. Jane l'emporte, même si la victoire ne va pas sans la douleur extrême de l'arrachement : « the look was far worse to resist than the frantic strain » (345). Mais c'est en soutenant son regard – « My eye rose to his » (344) – que Jane affirme une égalité précédemment revendiquée. Grâce, nous l'avons dit, aux leçons d'Helen Burns, Jane impose à Rochester sa décision, dans une scène qui peut être lue comme une répétition inversée de ce qui l'attend à Moorhouse avec St John Rivers, antithèse de Rochester. Face à Rochester, c'est à la raison qu'elle doit faire appel – « my very conscience and reason turned traitors against me » (344) – (un moi écartelé oscillant entre les demandes du cœur, du corps – le moi –, et celles de la raison – le surmoi). C'est le respect de soi qui l'emporte : « *I* care for myself » (344), comme avec St John Rivers, qui menace de l'engloutir dans le torrent d'une volonté dont elle sent tout le danger. Sauvée in extremis par la voix de Rochester, Jane en Jeanne d'Arc retourne à Thornfield, sûre désormais d'avoir trouvé le bon chemin.

Ferndean est un cadre isolé, qui permet la consécration de l'amour de Jane et Rochester, sans témoins, ou très peu. Si la demeure n'a pas le faste de Thornfield, si le maître de maison est « amoché », cette fin permet à Jane d'affirmer une égalité nouvelle, renforcée par l'héritage providentiel : « Quite rich, Sir » (459). Le « Sir » ou le « Master » vont enfin s'abolir devant le prénom, signe de familiarité – accentué par le possessif « My » – que refuse l'héroïne de *The Professor*. Jane Eyre va plus loin dans l'affirmation de soi. L'héroïne a atteint son but, le pèlerin a fait son chemin.

CONCLUSION

Bildungsroman, roman gothique, conte de fées revu et corrigé, *Jane Eyre* est tout cela sans l'être tout à fait ou bien est aussi autre chose. Roman que l'histoire (History) « condamne » à être victorien, il s'en dégage, pour donner à lire une autre histoire (her/story). Charlotte emprunte à tous les genres – comme le dit Barthes, aucun texte n'échappe à l'intertextualité – sans toutefois se laisser asservir à aucun, mais au contraire pour les utiliser comme tremplins, sources d'inspiration et ouvrir, pour reprendre une fois encore le titre de R. Heilman, de nouveaux horizons, donner de nouvelles lectures qui auraient pu choquer les Victoriens, mais qui comble le lecteur d'aujourd'hui, plus avide d'esthétique que d'éthique, et qui, au contraire, trouve parfois la fin du roman trop timorée, trop « comme il faut ». Comme sa sœur Emily, voire d'autres auteurs féminins du XIXe siècle, Charlotte Brontë réussit le tour de force d'affirmer son autorité/auteurité, en faisant mine de se plier aux conventions, tant sociales que littéraires, tout en les subvertissant. Pour reprendre l'analyse de Gilbert et Gubar :

> Women from Jane Austen and Mary Shelley to Emily Brontë and Emily Dickinson produced literary works that are in some sense palimpsestic, works whose surface designs conceal or obscure deeper, less accessible (and less socially acceptable) levels of meaning. Thus these authors managed the difficult task of achieving true female literary authority by simultaneously conforming to and subverting patriarchal literary standards[1].

Adrienne Rich, citée par les mêmes Gilbert et Gubar, parle d'un acte de « Revision: the act of looking back with fresh eyes, of entering an old text from a new critical direction, an act of survival[2] ». C'est en entrant non seulement dans un, mais dans plusieurs textes et genres, que Brontë peut écrire son texte à elle. Le succès de *Jane Eyre*, dont la définition précise continue de poser problème (mais en veut-on vraiment une ?), tient sans doute à cette richesse. Chaque lecteur peut y trouver ce qu'il y cherche (et peut-être même davantage) car le texte

1. S. Gilbert et S. Gubar, *op. cit.*, p. 73.
2. *Ibid.*, p. 49.

offre une pluralité de lectures sans s'offrir complètement, puisque certain(e)s, incorrigibles Sisyphes, s'obstinent toujours à la tâche, refusant d'abandonner un texte qui donne et retient à la fois, et je cite les paroles de Henry Tilney dans *Northanger Abbey* : « a woman's only power is the power of refusal[1] ». Il reste des questions : pourquoi, par exemple, la parole revient-elle à St John Rivers au terme d'un parcours qui est avant tout celui de Jane, et qui semble désormais tout tracé, débarrassé des épines ? Serait-ce, pour reprendre l'analyse (déjà citée) de Catherine Lanone dans son ouvrage sur *Wuthering Heights*, pour introduire un « *punctum* dans la guimauve du "*happy end*"[2] », pour rappeler que, même si « tout est bien qui finit bien », Dieu est toujours là qui veille et refuse de se laisser oublier, un sacrifice à la moralité et à la religion victoriennes ? L'intérêt du texte tient à cette impossibilité de réponse définitive, signe de fertilité et de fécondité. Les « rejetons » de *Jane Eyre* viennent en témoigner, qui s'emparent de l'un(e) ou de l'autre des personnages du Ur-text pour lui écrire une (nouvelle) histoire, re-situer la marge au centre, refusant de laisser dormir un roman qui les tient toujours en éveil.

1. J. Austen, *Northanger Abbey*, Penguin Classics, London, 1972 (1818), p. 95.
2. C. Lanone, *op. cit.*, p. 110.

BIBLIOGRAPHIE SÉLECTIVE

Œuvres

- BRONTË, Charlotte, *Jane Eyre*, Penguin edition, 1966 (1847).
- BRONTË, Charlotte, *Jane Eyre,* Norton Critical edition, 1972.
- BRONTË, Charlotte, *Shirley,* Penguin, London, 1974 (1849).
- BRONTË, Charlotte, *The Professor; Emma, a Fragment*, Everyman's Library, London, 1972 (1857).
- BRONTË, Charlotte, *Villette*, Everyman's Library, London, 1977 (1853).
- BRONTË, Emily, *Wuthering Heights*, Penguin, London, 1965 (1847).
- BRONTË, Anne, *The Tenant of Wildfell Hall*, Penguin, London, 1979 (1848).

Critique brontéenne

- ALEXANDER, Christine and SELLARS, Jane, *The art of the Brontës*, C.U.P., Cambrige, 1995.
- BAZIN, Claire, *La Vision du Mal chez les Sœurs Brontë*, P.U.M., 1995.
- BERTRANDIAS, Bernadette, « Les Images de L'Eau et du Feu dans les Romans de Charlotte Brontë », Centre du Romantisme Anglais, Association des Publications de la Faculté des Lettres et Sciences Humaines de Clermont-Ferrand, 1974, p. 29-47.
- BERTRANDIAS, Bernadette, « La Porte Secrète de l'Enfer : Jane Eyre ou l'aporie du Pilgrim's Progress », Cahiers Edwardiens et Victoriens, n°55, Avril 2002, p. 157-169.
- BOUMELHA, Penny, *Charlotte Brontë,* Key Women Writers, Hemel Hempstead, 1990.
- DEFROMONT, Françoise, « Mémoires hantées : de *Jane Eyre* à *Wide Sargasso Sea* » Cahiers Victoriens et Edwardiens, n°27, Avril 1988, p. 149-157.
- EAGLETON, Terry, *Myths of Power: A Marxist Study of the Brontës*, Macmillan, London, 1974.
- GASKELL, Elizabeth, *The Life of Charlotte Brontë*, Penguin, London, 1995 (1857).
- LANONE, Catherine, *Wuthering Heights, Un Vent de Sorcières*, Ellipses, Paris, 1999.
- LÉVY, Maurice, *Le Roman "gothique" Anglais, 1764-1824*, Albin Michel, Paris, 1995.
- MEYER, Susan, in *Post-Colonial Theory and English Literature, A Reader*, Peter Childs, Edinburgh University Press, 1999.
- NESTOR, Pauline, *Charlotte Brontë,* Macmillan Education, Basingstoke and London, 1987.
- PETIT, Jean-Pierre, *Emily Brontë, L'œuvre d'Emily Brontë : la vision et les thèmes*, l'Hermès, Lyon, 1977.

- PLASA, Carl, *Textual Politics. From Slavery To Postcolonialism. Race and Identification,* Macmillan Press, London, 2000.
- SOUMARÉ, Marie, *L'Enfance dans Jane Eyre et David Copperfield,* Mémoire de DEA, Paris X, Nanterre, 2002.
- SPIVAK, Gayatri, « Three Women's texts and A Critique of Imperialism », Critical Inquiry, 12, 1985.
- TALAIRACH, Laurence, « Charlotte Brontë's Female Gothic: Thornfield Hall's Second Story », Séminaire « Les Métamorphoses du Gothique », Toulouse le Mirail, Mai 2001, p. 3. Cet article a été remanié et publié dans *Anglophonia French Journal of English Studies, Les Vestiges Du Gothique, Le rôle du reste, The Remains Of The Gothic, Persistence as Resistance,* Caliban, P.U.M., 2004, p. 119-130.
- THORMÄHLEN, Marianne, *The Brontës and Religion,* C.U.P., 1999.
- WEISSMAN, Judith, *Half Savage and Hardy and Free: Women and Rural Radicalism in the Nineteenth-century Novel,* Middleton (Conn.), Wesleyan University Press, 1987.
- WILLIAMS, Carolyn, « Closing the Book, The Intertextual End of *Jane Eyre* », University of Virginia Press, 1989.
- ZONANA, Joyce, in *Post-Colonial Theory and English Literature, A Reader,* Edinburgh University Press, Peter Childs, Edinburgh, 1999.

Critique générale

- BACHELARD, Gaston, *La Terre et les Rêveries de la volonté,* José Corti, Paris, 1948.
- FRYE, Northop, *The Anatomy of Criticism,* Penguin, London, 1957.
- GILBERT, Sandra M., and GUBAR, Susan, *The Mad Woman in the Attic,* Yale University Press, New Haven and London, 1979.
- HEINICH, Nathalie, *États de Femme, l'identité Féminine dans la fiction occidentale,* Gallimard, 1996.
- LEJEUNE, Philippe, *Le Pacte Autobiographique,* Seuil, Paris, 1975.
- MATHIEU-CASTELLANI, Gisèle, *La Scène Judiciaire de l'Autobiographie,* PUF, Paris, 1996.
- MAUREL, Sylvie, *Jean Rhys,* Women Writers, Macmillan, Basingstoke & London, 1998.
- POLHEMUS, Robert M., *Erotic Faith,* The University of Chicago Press, Chicago and London, 1990.
- SHOWALTER, Elaine, *A Literature of their Own,* Virago Press, London, 1978.
- SMALL, Helen, *Love's Madness, Medicine, the Novel, and Female Insanity 1800-1865,* Clarendon Press, Oxford, 1998.
- TWITCHELL, James, *The Living Dead,* Duke University Press, Durham, 1981.
- WOLSTENHOLME, Sue, *Gothic (Re)Visions,* State University of New York Press, New York, 1993.

TABLE DES MATIÈRES

Imprimé en France par EMD S.A.S.
53110 Lassay-les-Châteaux
Dépôt légal : juin 2008
N° d'imprimeur : 19411